탈성장신화

역사적 관점에서 본 일본 경제의 장래

다케다 하루히토 지음

여인만 옮김

탈성장신화–역사적 관점에서 본 일본 경제의 장래

초판1쇄 인쇄 2016년 9월 6일
초판1쇄 발행 2016년 9월 13일

지은이 다케다 하루히토
옮긴이 여인만
발행인 노현철
발행처 도서출판 해남

출판등록 1995. 5. 10 제 1-1885호
주 소 서울특별시 서대문구 충정로 38-12(충정로 3가) 우리타워 6F
전 화 739-4822 **팩스** 720-4823
이 메 일 haenamin30@naver.com
홈페이지 www.hpub.co.kr

ISBN 978-89-6238-104-7 03320

옮긴이 머리말

이 책의 원서는 2014년 12월에 발간된 『탈성장신화—역사적 관점에서 본 일본 경제의 장래』(脫·成長神話—歷史から見た日本經濟のゆくえ)이다. 출판사(朝日新聞出版)의 인터넷 홈페이지에는 이 책이 다음과 같이 소개되어 있다.

> '경제 성장'이 경제학의 지상명제로 된 것은 기껏해야 50년밖에 되지 않았다. 풍요롭고 안정된 생활을 실현시키는 '수단'이었던 경제 성장이 언제부터인가 '목적'으로 변했고 정부와 국민 모두 이 용어의 주술에 빠져 있다. 경제사를 전공하는 도쿄대학 교수가 경제 성장을 경제적 문맥에서 해독하면서 일본 사회와 경제학의 바람직한 모습을 전망한다.

홈페이지의 소개대로 저자인 다케다 하루히토(武田晴人) 교수는 경제사가 전공이다. 20세기 초까지 일본의 주요 수출 광산물이던 구리(産銅)에 관한 산업사 연구로 출발하여, 양차 대전 사이의 일본 중화학 공업화 과정을 중심으로 정력적인 연구를 전개했고, 그 과정에서 재벌, 독점, 카르텔 연구의 권위자로 인정을 받았다. 원래 도쿄대학 경제사 분야에서는 제2차 세계대전 이전 시기를 주로 담당하고 있었으나, 학문적 맹우(盟友)인 하시모토 쥬로(橋本壽朗) 교수의 급서 후 그의 전문 분야이던 제2차 세계대전 이후도 포괄하게 되었다. 그리하여 부흥기와 고도성장기의 구조와 메커니즘에 관한 독특한 견해를 제시하는 등 이 시대에 관한 연구 수준을 한 단계 끌어올린 것으로 평가받고 있다. 이상의 학문적인 성과는, 제2차 세계대전 이후 성장률 진폭의 안정성, 고도성장기 기계 공업화의 중요성, 상대가격 변화에 의한 산업 구조의 변화, 시장과 조직(재화, 노동, 자금)의 관계 등 이 책의 곳곳에 반영되어 있다. 한편으로 저자는 통산산업성(현 경제산업성)에서 편찬하는 『통상산업정책사 1950~1970년』(17권), 『통상산업정책사 1980~2000년』(12권)의 편집위원 및 대표 집필을 담당하기도 했다.

이처럼 저자는 일본 경제사학계에서 '성장사'를 대표하는 학자이다. 역자도 도쿄대학 대학원생 및 조수 시절 저자에게 1920년대 이후 1980년대까지 일본 경제의 성장 요인에 관한 강의를 듣고, 그와 관련된 수차례의 공동 작업에 참가한 적이 있다. 따라서 이 책을 처음 접했을 때의 '충격'을 지금도 잊을 수 없다. 2015년 1월 도쿄대학 경제사연구회에서 정년퇴직을 앞둔 저자가 자신의 연구 경력을 소개하고 향후의 연구 계획을 소개하는 가운데 이 책의 내용이 소개되었다. 그리고 가계의 소득 증가나 기업의 수익 증가 이외의 관점에서 향후 고도성장기를 역사적으로 분석할 필요가 있다는 점을 저자는 강조했다. 연구회에 있던 모두가 예상하지 못했던 저자의 제안에 당황해하면서도 일본 경제사회의 장래와 역사 연구의 의의에 대해 매우 활발하게 논의했던 기억이 있다.

연구회가 끝난 후, 저자에게 책을 받아 단숨에 읽은 후, 저자의 의도를 이해할 수 있었다. 원래 연구자의 길로 들어서게 된 저자의 계기가 광산업의 환경오염(鑛毒) 문제에 대한 관심이었다는 점을 생각하면, 이 책은 마침내 저자가 초심(初心)으로 돌아온 것을 표현하고 있다고도 할 수 있다. 역자가 이 책에서, 노벨경제학상 후보로도 거론되던 유명한 수리통계학자이며 경제학자인 우자와 히로후미(宇澤弘文)의 『자동차의 사회적 비용』(『自動車の社會的費用』 岩波書店)을 읽었을 때와 비슷한 '감동'을 느낀 것도 그 때문이다. 번역을 결심한 것도 그때였다.

약간 장황하게 저자의 이력을 소개한 이유는, 비슷한 주제를 다룬 다른 책들과 이 책이 기본적으로 성격이 다르다는 점을 강조하기 위해서다. '탈성장', '성장의 한계', '대항 발전'을 주장하는 저작들은 이미 오래전부터 존재했고, 일본에서도 최근 들어 증가하는 추세에 있다. 그러한 저작들의 대부분은 현재의 경제 상황에 대한 규범적 비판에서 출발하나, 이 책은 경제사학자의 입장에서 사실 및 데이터에 입각해 논지를 전개하고 해결책을 제시한다는 데 큰 차이가 있다.

이 책을 둘러싸고 현재 일본에서는 당연하게도 많은 논란이 일어나고 있다. 아베노믹스가 필요하다는 입장에서 보면, 여전히 성장을 경시하는 이 책은 경제학의 '기본'에서 벗어나 있고, 원자력 발전의 재가동을 주장하는 입장에서는 전력 요금의 인상이 소비자와 기업에게 큰 부담이 된다는 점을 무시하고 있다고 비판한다.

그러나 다음과 같이, 저자의 전달하고자 하는 바를 충분히 이해하고 있다고 판단되는 서평들도 많다.

> 고성장은 역사적으로 하나의 일시적인 현상이다. 경제 성장이라는 지표로 미래 사회를 보아서는 안 된다. 저자의 주장은 음울한 미래를 묘사하고 있지 않다. 환경과 자원의 제약, 그리고 충족시켜야 할 사회적 수요의 질, 그것을 마련하기 위한 공급의 구조 등 시급한 문제를 해결하기 위해서는 성장 신화에서 자유롭게 될 필요가 있다. 경제사학자의 '제로 성장론'은 수세적 · 비관적이 아니라 공격적 · 적극적인 경제론이다.

J. S. 밀이 『경제학원론』에서 '정상(定常) 상태' 하에서의 인간적 · 정신적인 진보에 대해 설명한 것은 19세기 중반인데, 환경과 자원의 제약이 진정한 의미에서 심각하게 된 현재에야 비로소 '성장 신화'로부터의 탈출 준비가 되었는지도 모른다. 이 책은 그러한 의미를 다방면에서 생각할 수 있는 좋은 기회를 제공해 줄 것이다.

우리나라는 아직까지 일본과 같은 심각한 저성장, 제로 성장 시대에 접어들고 있지는 않다. 그러나 그러한 상태로 근접해 가고 있다는 데 이견은 없을 것이다. 그러한 상황에서 경제 성장이 없으면 바람직한 경제사회를 모색하는 것이 불가능하다는 주장을 비판하는 데 이 책은 유용할 것이다. 또한 바람직한 경제사회를 만들어 나가는 데에는 개개인들이 부담의 증가를 떠안을 용기를 가져야 한다는 이 책의 주장은 한국에도 그대로 적용된다. 실제로 이 책에서 전개되는 원자력 · 고령화 문제 대책은 한국의 경우에도 많은 시사점을 주고 있다.

이 책이 일본의 경제와 사회를 정확히 이해하려는 사람들, 경제 성장의 의미를 다시 생각해 보고자 하는 사람들, 경제 성장 이외의 현실적인 대안을 모색하는 사람들에게 널리 읽혀지고 토론할 수 있는 계기가 되기를 기대한다. 참고로 이 책에 있는 각주는 독자들의 편의를 위해 역자가 첨부한 것임을 밝혀 둔다.

끝으로 어려운 여건에도 불구하고 이 책의 출판을 결정해 주신 도서출판 해남의 노현철 사장님, 그리고 꼼꼼하고도 신속한 편집 작업을 해주신 편집부 여러분들께 감사의 말씀을 전하고 싶다. 원래 이 책은 2015년 상반기에 번역 출판할 예정이었으나, 역자의 태만으로 1년여 가량 늦어져 버렸다. 저자인 다케다 선생님께는 항상 죄송스런 마음이지만, 이번 건으로 사죄할 건이 하나 더 늘었다.

2016년 8월

여인만

한국어판 머리말

이 책이 한국의 독자들에게 소개될 수 있게 된 것을 매우 기쁘게 생각한다. 이 책은 일본의 미래를 전망할 수 있는 관점을 가질 수 있게 하기 위해, 현재의 경제적인 문제를 중심으로 분석한 책이다. 그러한 점에서, 한국의 독자에게는 이웃 나라이기는 하지만 상관없는 일로 보일지도 모른다. 이 책의 내용은 "이웃집 잔디가 더 파랗게 보인다"가 아니라 "이웃집 잔디는 말라 가고 있다"는 것이다.

일본에서는 1990년의 버블 붕괴 이후의 장기 침체에서 벗어나기 위해 다양한 타개책이 시도되었다. 그러나 그러한 시도는 일본의 증상에 대한 정확한 진단과 적확한 처방전이라는 두 가지 측면에서 모두 큰 문제를 안고 있다. 부정확한 진단에다 해외에서 효과적이었다는 이유로 일본의 현실에 맞지 않는 약을 무리해서 투입함으로써 정체가 장기화되고 출구가 보이지 않게 되었다고도 할 수 있다.

예를 들어, 고령화의 진전은 일본 사회의 구조적인 문제이지만, 그것이 곧바로 경제를 침체시키는 요인은 아니다. 그에 대응한 사회보장과 상호 부조 등의 사회 안전망이 불충분하다는 우려 때문에 사람들은 장래를 대비해서 저축을 늘리고 소비를 억제하고 있는 것이다. 그런데 일본 정부는 높은 경제 성장을 실현하면 이 문제가 다 해결될 것이라고 주장하고 있다. 하지만 경제 성장은 여전히 현실화되지 않고 있다. 그러나 적절한 대안이 보이지 않아서인지, 이미 파탄이 난 경제 정책을 계속 추진하는 자민당 정권은 높은 지지율을 유지하고 있다.

고령화 사회의 문제가 경제 성장으로 해결된다는 것은 사실일까? 인구 구성의 변화에 대응한 경제 시스템의 재설계는 경제 성장을 실현시키는 것과는 다른 차원의 문제이다. 더구나 전 지구적인 시점에서 보면, 우리들 인류가 천연자원의 고갈과 식량의 부족, 그리고 지구 환경의 악화 등의 문제에 직면하고 있다는 것은 의심할 여지가 없다. 그런데도 좀 더 많은 자원을 소비하고 온실 효과 가스를 배출하는 경제 성장이 우리들의 장래 모습으로 바람직하다는 주장을 하고 있다. 따라서 일본은 "말라 가고 있는" 것이다.

그러나 일본에서 현재 진행되고 있는 문제는 선진국이 언젠가는 직면하게 될 공통의 문제라는 점도 지적해 두고 싶다. 고령화 사회의 도래뿐만 아니라 자원 제약과 지구 환경 문제는 한 나라가 해결할 수 있는 문제가 아니다. 더구나 지구상에는 여전히 많은 사람들이 기아에 허덕이고 있는데, 그들의 생활 수준을 개선하기 위해서 더 많은 자원이 분배될 필요가 있다. 그렇게 해야만 평화로운 국제 질서가 유지될 수 있기 때문인데, 결과적으로 선진국들이 사용할 수 있는 자원은 더욱 제한된다.

"경제 성장을 추구하는 것이 바람직하다"는 생각은 제2차 세계대전 이후에 생긴 통념인데, 이로부터 자유로워져 21세기의 미래를 개척해 나가기 위해서는 우리들이 직면하고 있는 문제를 정확히 파악하고 그에 적절하게 대처해야만 한다. 일본은 25년간에 걸쳐 이 과제를 떠안고 있는데, 여전히 해결하지 못한 채로 있다. 직면하고 있는 문제는 매우 '선진적인' 것인데, 낡은 사고방식으로 대처하고 있기 때문에 미로를 벗어나지 못하고 있다.

이 책은 일본이 이러한 상황에서 어떻게 벗어날 수 있는가를, '성장으로부터의 탈출'이라는 시점에서 분석했다. 이 책에서 설명하고 있는 일본의 모습을 '반면교사'로 삼아, 한국의 미래가 한국에 살고 있는 사람들, 그리고 그 이웃에 살고 있는 사람들에게 좀 더 바람직한 모습이 되기를 바란다.

마지막으로, 이 책의 한국어 번역이라는 번잡한 작업을 담당해 준 여인만 교수와 출판을 결정해 준 도서출판 해남에 진심으로 감사의 말을 전하고 싶다. 여인만 교수는 내가 도쿄대학 대학원에서 지도했던 학생이었는데, 강의와 공동 작업 과정에서 충분히 토론할 수 있었다. 여인만 교수는 나의 부족한 설명을 보완하여, 한국어 번역서를 일본어 원서보다 더 좋은 책으로 만들었을 것으로 확신한다.

이 책을 계기로 국경을 넘어 많은 사람들과 폭넓게 논의할 수 있게 되기를 기대한다.

2016년 8월

다케다 하루히토(武田晴人)

머리말

미래 예상도를 그리는 일은 그리 간단하지 않다. 특히, 역사 연구자의 시선은 앞이 아니라 항상 뒤를 향하기에 결과를 알 수 없는 이야기는 별로 잘 하지 못한다. 그래서 이제껏 해보지 않았지만, 이번에 귀중한 기회를 얻었기에, 우리가 직면하고 있는 자원 제약, 재정 파탄, 고령화 등 주요 문제에 한정해서 그 해결 방향을 모색하면서 역사를 통해 보이는 우리의 내일을 생각해 보고자 한다. 현재 눈앞에서 벌어지고 있는 것에 너무 세세하게 신경을 쓰다 보면, 정보가 너무 많아 상황을 정확히 판단하지 못하게 된다. 역사적인 관점에서 한 발 물러서서 좀 더 넓게 보면 우리에게 진정으로 중요한 것들이 보이기 마련이다.

최근 2년간 TV와 신문에서 아베 내각의 '아베노믹스'로 불리는 정책이 활발하게 논의되고 있는데, 우리에게는 "아베만 히쭉"(일본어 발음으로 아베노미쿠스를 아베+노미+쿠슷으로 분해-역자)하고 웃는 것처럼 들린다. '성장 전략'으로 불리는 정책 메뉴의 내용이 빈약하다는 것은 자명한데도, 이 정책이 '인기' 있는 것을 보면, 성장 전략에 호소하는 것이 얼마나 유효한지 잘 알 수 있다.

왜 우리는 '경제 성장'에 기대를 거는 것일까? 경제 성장이야말로 여러 가지 경제 문제를 해결해 줄 수 있는 만병통치약이라는 막연한 믿음을 갖고 있기 때문이 아닐까? 경제 성장이 문제를 효과적으로 해결해 주는 측면이 확실히 있기는 하다. 하지만 그것이 만병통치약이라는 근거는 없다. 근거가 애매한데도 믿고 있다는 의미에서 그것은 '신화'라고 할 수 있다. 그 신화가 탄생한 것은 그리 오래된 옛날이 아니다. 고성장을 경험한, 약 50여 년 전부터 20년쯤 동안에 우리 속에 침투한 것에 불과하다. 그러므로 경제 성장이 장기간의 자본주의 역사에서 어떠한 의미를 가지고 있는지를 다시 생각해 볼 필요가 있다.

우리의 삶과 앞으로의 생활을 진지하게 생각하기 위해서는 신화의 세계로부터 벗어나지 않으면 안 된다. 이 책이 그 계기가 되기를 바란다.

다케다 하루히토(武田晴人)

차례

chapter 6

chapter 7

제 1 장

경제 성장의 의미를 생각한다

제 1 장

경제 성장의 의미를 생각한다

1 행복의 경제학

1960년대 이후 일본인의 행복도는 높아지지 않았다

경제학은 '행복'이라는 개념을 애매하다는 이유로 고려 대상에서 제외하고 있다. 그런데 경제학자만큼 자신의 일이 인류 '행복'에 공헌한다고 자부하는 사람도 없다. 경제학자들은 경제 발전으로 생활이 윤택해짐에 따라 사람들이 행복을 느낀다고 주장한다. 그것은 고전파 경제학이 기초로 삼은 '공리주의'의 '최대 다수의 최대 행복'이라는 원리에 의해 자명한 것으로 간주된다.

그러나 이처럼 자신에 찬 경제학자들의 언명에도 불구하고, 현대 경제학은 이 희망과 기대를 배반하는 듯하다. 그 이유는 경제학의 전제가 되는 '경제인'이라는 가정이 현실 문제를 설명하는 데 문제를 안고 있기 때문인 것 같다. 그에 대해서는 이 책의 주제가 아니므로 자세하게 설명하지는 않겠지만, 어쨌든 경제학에서는 인간이 주어진 예산 제약 하에서 자신의 효용을 최대화하려고 행동한다고 가정한다. 그러나 그렇게 설명되는 경제인의 선택 방식이 인간적인 면에 바탕을 둔 현명한 선택과 반드시 같지는 않다. 따라서 경제학에서 합리적인 선택이라고 생각되는 것과 그에 의해 실현되는 경제 성장이, 사람들이 정말 선택하고 싶어하는 삶의 방식과 다를 가능성은 충분히 있을 수 있다. 이에 관해서는 이미 여러 논의가 있는데, 비판적인 관점이 명료한 것 중 하나가 경제 성장과 사람들의 생활만족도 간의 관계를 분석한 것이다.

브루노 프라이(Bruno S. Frey)와 알로이스 스터처(Alois Stutzer)가 쓴 『행복의 정치경제학』(*Happiness and Economics*)(佐和隆光 監譯 · 澤崎冬日 譯, ダイヤモンド社, 2005)에서는 "경제학자는 과거 수십 년간(혹은 수세기)에 걸쳐 국민 1인당 실질소득이 착실히 증가한 덕분에 사람들이 이전보다 행복해진 것은 마치 당연한 듯 단언한다"(11쪽)고 지적한 뒤, 이러한 경제학자들의 사고방식을 비판하고 있다. 이 책의 내용을 좀 더 살펴보자. 〈그림 1-1〉은 일본의 국민 1인당 실질GDP와 생활만족도의 관계를 나타낸 것이다. 여기서 생활만족도란, 제6장에서 최근 조사 내용을 중심으로 다시 소개하겠지만, 무작위로 뽑힌 15세 이상 75세 이하의 남녀 약 6,000명을 표본으로 조사한 것이다. 최근에는 정부 백서 등에서도 언급되고 있기 때문에 상당히 잘 알려져 있다.

일본에서는 1960년대 이후 1인당 GDP가 아무리 증가해도 사람들의 생활만족도에는 거의 변화가 없었다는 것을 이 그림으로부터 확실하게 알 수 있다. 제2차 세계대전 이후 자본주의 경제사회의 유망주로서 주목받던 일본은 1958년부터 1991년까지 국민 1인당 GDP가 6배 증가했지만 그동안 일본인의 생활만족

그림 1-1 일본의 국민 1인당 실질GDP와 생활만족도의 추이(1958년=100)

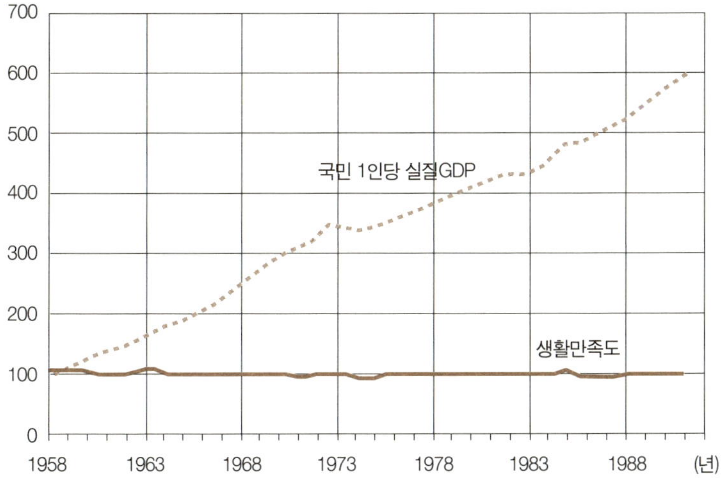

출처: Penn World Tables and World Database of Happiness(ブルーノ・S・フライ/アロイス・スタッツアー『幸福の政治經濟學』ダイヤモンド社, 2005, 12쪽).

도는 거의 변하지 않았다. 이것이 현실이다. 경제 성장만으로는 만족도가 높아지지 않는 것이다.

이것은 일본만의 특징이 아니다. 미국에서도 1인당 GDP가 증가했는데도 1955년 무렵부터 행복도가 낮아졌다. 이것은 〈그림 1-2〉에서 확인할 수 있는데, 다소 변동은 있지만, 미국에서 행복도는 1인당 GDP가 점점 증가하는 것과 상관없이 1950년대보다 1970년대 중반이 낮고 그 이후는 정체 상태에 있다. 이처럼 경제 성장의 성과로 보이는 물질적인 풍요로움과 생활만족도 간에는 일본과 미국 두 나라 모두 상관관계를 찾아낼 수 없다. 즉, 재화의 생산을 아무리 늘려도 그 사회에서 살아가는 사람들이 더 행복해지지는 않는 것이다. 경제학자

그림 1-2 미국의 행복도와 국민 1인당 실질GDP의 추이

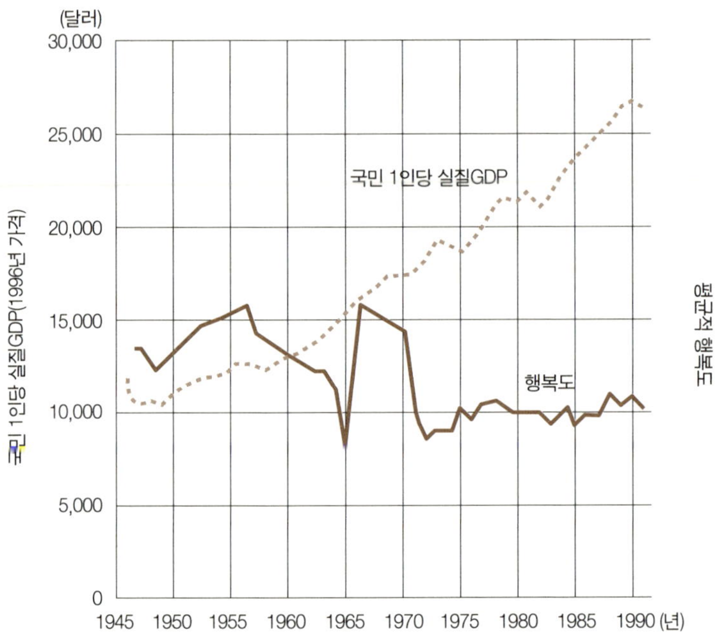

출처: World Database of Happiness, 미국 상무부 경제분석국, 미국 국세조사국(『幸福の政治經濟學』 111쪽).

의 주장이 계속 어긋난다는 것은 이러한 현실에 입각한 비판인 것이다.

경제 성장이 행복에 공헌하는 경계치

그렇다면 경제 성장이 정말로 아무런 쓸모가 없는가라고 질문한다면, 간단히 그렇다고는 할 수 없다. 경제 성장과 생활만족도 간의 상관관계를 실증하려고 했던 연구자들은 실질평균소득이 1만 달러에 다다를 때까지는 양자 간에

그림 1-3 세계의 생활만족도와 실질소득의 관계

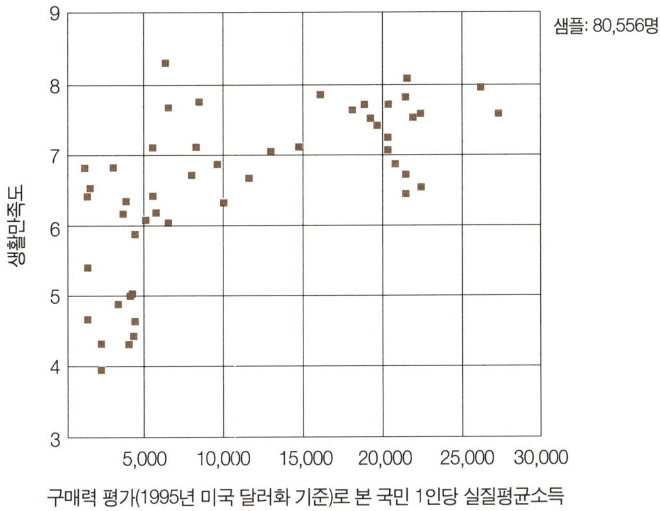

출처: World Values Survey 1990-1993/1995-1997(ICPSR 2790), World Development Report 1997(『幸福の政治經濟學』 12쪽).

상관관계가 있다는 데 일반적으로 동의하고 있다. 즉, 실질평균소득이 1만 달러 이하의 저소득 국가들에서는 1인당 평균소득의 증가가 생활의 만족도 상승으로 이어지는 것 같다. 이 점은 시계열 자료는 아니지만, 각국의 1인당 실질소득과 생활만족도를 비교한 〈그림 1-3〉에서 확인할 수 있다. 그런데 이 그림은 1만 달러의 경계를 넘어서면 생활만족도가 증가하지 않는 것도 보여 주고 있다.

이처럼 소득 증가의 효과에 한계가 있다는 주장은 예전부터 있었다. 18세기 후반부터 19세기까지의 고전파 경제학의 시대에, 산업혁명으로 자본주의적 경제 제도가 국부를 증대시켜 가는 과정에서 그 이유를 분석하는 데 진력한 애덤 스미스와 존 스튜어트 밀 등의 경제학자는 시간이 흐르면 결국 소득 증대의 의미가 거의 없어질 것이라고 예측했다. 스미스는 "소득이 증대해도 거의 의미를 지니지 않게 되는 경계점이 있다"고 주장했다. 또 밀은 '소득이 아니라 자유'가 '최대의 선'에 이르는 가장 확실한 길이라고 생각했다. 즉, 사회 발전의 경로는 물질적인 풍요로움에서 이탈해 간다고 생각했으며, 경제적으로는 경제 활동의 '정상(定常) 상태'가 도래할 것이라고 예측한 것이다(『행복의 정치경제학』 36쪽). 여기서 '정상 상태'라는 것은 경제성장률이 0에 가까운 안정적이고 지속적인 경제가 되는 것을 의미했다.

이처럼 자본주의 경제가 본격적으로 전개되던 시기에 고전파 경제학자는 경제 성장이 장기적으로 지속될 수 있는 가능성에 회의적이었다. 아니, 뒤에서 설명하듯이, '경제 성장'을 파악하는 방법도, 그것을 표현하는 용어도 없었다. 그런데 언제부터인가 경제 성장이 경제학이 목표로 하는 바람직한 경제 상태인 듯이 여겨지게 된 것이다. 다소 극단적으로 말하자면, 고전파 경제학과 현대의 신고전파 경제학의 결정적인 차이는 이 성장에 관한 사고방식에 잘 드러나고 있다고 해도 좋을 것이다.

고전파 경제학자들이 경제 성장의 지속에 회의적이었다고는 하나, 생활만족도와 관련해서는 여전히 현대의 경제학자와 마찬가지로 중대한 실수를 한 듯하다. 그것은 다음과 같은 당시의 비판을 보면 알 수 있다. 즉, 산업혁명을 계기로 공업화가 진행되던 영국 사회에 대해, 당시 사상가이자 예술평론가인 존 러스킨(John Ruskin)은 「나중에 온 이 사람에게도」(Unto This Last)라는 에세이에서 "경제학자의 최대 실수는, 인간에게 산다는 것은 쾌락을 추구하는 것이며 노동

은 고통 외의 아무것도 아니고 부는 그 고통을 보상해 주고 쾌락을 증가시키는 수단이라고 가르쳤다는 데 있다. 이 가르침은 각자에게 끝없이 부를 추구하도록 장려하고 타인과 자연환경에 대한 배려를 잃어버리게 하여 인간 생활을 위협하는 원인의 하나가 되었다"라고 경제학자를 비판했다(堂目卓生 「今求められる『知』 10 經濟成長の質」 日本經濟新聞, 2012. 10. 22.). 이러한 러스킨의 지적은 오늘날에도 여전히 주목할 만한 내용이 있다고 생각된다. 참고로 이 비판은 메이지유신(1868년)이 일어나기 몇 년 전인 1862년에 나왔다.

2 경제 성장이 가져온 것

자본주의로 가능해진 인구 증가

행복이 증대하지 않는데도 불구하고 왜 자꾸만 경제 성장을 추구하는 것일까? 거기에는 나름의 이유가 있다. 여기서는 경제학의 역사를 경제학자가 해결하기 위해 분투한 경제 문제와 관련지어 이유를 찾아보기로 하자.

경제학이 자본주의 사회의 성립에 맞추어 형성되어, 그 발전과 함께 경제 성장이 '최대 다수의 최대 행복'을 실현할 수단으로 강조된 것은 그때까지 경험한 적이 없는 경제 활동의 확대를 목격했기 때문이다. 그리고 고전파 경제학자들은 분업과 협업의 구조, 시장의 작용, 기술의 혁신 등으로 경제사회의 눈부신 변화를 설명하려 했고, 그것을 이론적으로 체계화하였다.

그림 1-4 일본의 장기 인구 추이

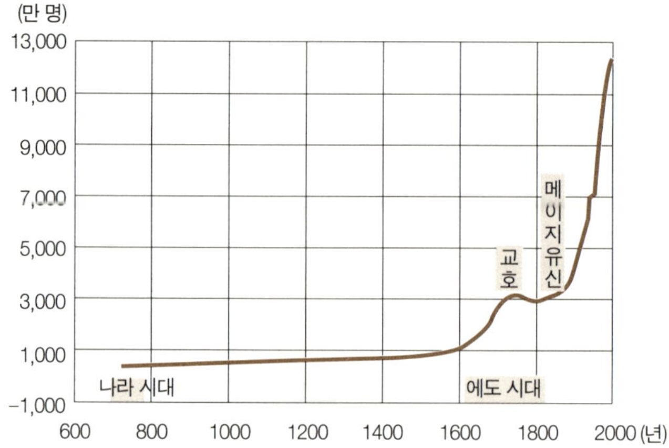

출처: 國立社會保障・人口問題研究所『人口統計資料集』에서 작성.

그들이 본 변화는 오늘날의 기준으로 보면 그렇게 큰 것은 아니었다고 한다. 예를 들어, 산업혁명기의 영국에 관한 추계에 의하면, 이 시기 영국의 경제 성장률은 약 2%였다. 따라서 산업'혁명'이라는 말은 과장이라고 하는 학자도 있다. 이 논쟁은 어찌됐든, 그처럼 미미하게 시작되었어도 당시 사람들에게는 그들이 아는 인류사에서 경험한 적이 없는 변화를 가져다주었던 것이다.

그렇다면 자본주의 경제 제도의 발전으로 국민경제 규모가 얼마나 급속히 확대될 수 있었는지 알기 위한 간접적인 접근으로 장기 인구 추이를 살펴보기로 하자. 〈그림 1-4〉는 매우 인상적이다.

나라 시대부터 현대까지 1,300년간 일본 인구 추이의 추계인데, 나라 시대부터 세키가하라(關が原) 전투가 있었던 17세기 초까지[1] 인구 수는 장기간 정체

했다. 그리고 에도 시대에 들어와서부터 인구 증가가 약 120년간 계속되다가 에도 후기에 일시적으로 주춤했고, 메이지유신 후부터는 그때까지 경험한 적이 없는 급격한 인구 증가가 시작되었다.[2)]

인구 증가는 식량 등 재화의 생산 확대를 기초로 한다. 그렇지 않으면 고전파 경제학자 중 한 사람인 맬서스가 예언했듯이 인구 증가가 생산 증가를 넘어서서 기아가 발생하고 인구 증가는 멈출 것이기 때문이다. 기하급수적인 인구 증가가 멈춘 것은 출생률이 급격히 낮아진 최근의 현상이다.

그리고 이 인구 증가를 가능하게 한 식량 등 산출량의 증가로 전통 사회의 '자식 죽이기'(間引き), '고려장'(姥捨て)의 인습에서 벗어날 수 있게 되었다(Clifford Geertz『インボリューション-內に向かう發展』池本幸生 역, NTT출판, 2001 참조). 산출량의 증가는 일하는 사람 1인당 생산성의 상승을 기초로 한다. 산업화 과정에서 기계화 등 기술의 진보 · 혁신이 주목을 받은 것은 그 때문이다.

물론 얼마 전까지 유럽경제사 등에서 강조되던 '프로토 공업화'[3)]론이 주장하듯이, 인구 압력에 눌린 사람들이 농업 이외의 공업 생산 증가를 통해 인구 부양력을 높이려 함으로써 공업화가 진행된 예도 없는 것은 아니다. 그러나 최근의 역사 연구에서 그러한 사례는 예외로 간주된다.

1) 도요토미 히데요시(豊臣秀吉) 사후의 패권을 둘러싸고 도쿠가와 이에야스(德川家康)를 대장으로 하는 동군과 이시다 미츠나리(石田三成)를 중심으로 한 서군이 1600년 10월 21일 현재의 기후(岐阜) 현 세키가하라 마치에서 벌인 전투. 이 전투에서 승리한 도쿠가와는 에도 막부(1603~1868년)를 창설하게 된다.

2) 그림에서 교호(享保)란, 에도 시대 중기인 1731~1732년에 이상기후와 병충해로 인한 흉작으로 약 250만 명이 피해를 입었다고 하는 '교호의 대기근' 기간을 의미한다.

3) 산업혁명에 선행하는 시기(서유럽에서는 17~19세기 초)에 나타난 농촌 지역의 수공업 생산 증대 현상을 일컫는 것으로, 인도 · 중국 · 일본에서도 진행되었다고 한다. 이 공업화가 나타난 지역에서는 인구가 급증했다는 공통점이 지적되고 있다.

어쨌든 인구 증가를 가능하게 한 생산성의 상승은 공업 생산에서 현저히 진행되었다. 왜냐하면 농업 생산에서는 토지의 생산성 향상과 경지로 이용할 수 있는 토지 확대 등이 자연적인 제약으로 기술적인 측면에서 볼 때 노동생산성 상승에는 한계가 있기 때문이다. 물론 농업 중심의 사회에서도 〈그림 1-4〉의 에도 시대 전기처럼 인구 증가를 지탱하는 식량 생산의 증가가 나타난다. 그것은 새롭게 밭을 개간하거나 농업 기술이 개선되어 토지생산성이 높아진 성과였다고 생각된다. 그리고 식량 증산으로 각 사람이 매일 먹을 수 있는 식량이 늘어나면서 영양 상태가 개선되어 더 오랜 시간 일할 수 있게 됨으로써 노동 지출량을 늘릴 수 있기 때문이다.

근대 사회에서 노동이 장시간이 된 이유

물론 생산성 향상의 성과를 달리 사용할 수도 있다. 인구 증가가 멈추었던 에도 시대 후반기에 농민들은 전반기에 비하면 생활 상태가 상당히 개선되었을 텐데, 일하는 시간보다는 휴식 시간을 늘린 것 같다. 『촌락의 휴일』(村の遊び日)(古川貞雄, 平凡社選書, 1986)이라는 재미있는 책에 따르면, 농민의 연간 휴일이 그 이전의 약 30일에서 최대 약 80일로 증가했다. 그중에는 원래 있었던 우란분재와 농업력에 따른 축제일뿐만 아니라 '맘 내키는 대로 노는 날', '은밀히 노는 날' 등도 있었다고 한다. 밭을 새로 개간하는 것도 한계에 달했고 제한된 토지에서 아무리 일해도 그에 걸맞은 성과를 기대할 수 없었기 때문에 생산성 상승의 성과를 이렇게 휴일을 늘리는 데 쓰는 법도 당연하게 있었던 것이다. 앞에서 언급한 애덤 스미스의 예측, 즉 더 이상 일해서 소득을 늘리기보다 다른 것

을 선택할 경계치에 이르렀다고 할 수 있을 것 같다.

다시 본론으로 돌아가면, 근대에 들어와 공업화 · 산업화가 이루어지게 되자 공업 생산에서는 토지라는 제약이 없어 노동 시간이 점점 늘어 갔다. 예를 들면, 줄리엣 쇼어(Juliet B. Schor)의 『과로하는 미국인』(*The Overworked American*)(窓社, 1993)에는 중세에서 근대까지 잉글랜드의 노동 시간 추계가 소개되어 있다. 그에 따르면, 1200년대에는 1,620시간이던 연간 노동 시간이 1600년대에는 1,980시간, 1840년에는 3,100~3,600시간으로 증가했다. 일본에 대한 적당한 추계는 없지만 사이토 오사무(齋藤修)의 『임금과 노동과 생활 수준』(賃金と勞動と生活水準)(岩波書店, 1998)에 따르면, 농민 1인당 연간 노동 시간은 1880년 1,523시간에서 1915년 2,200시간으로 늘었다. 여기서도 알 수 있듯이 근대 사회의 도래와 함께 연간 노동 시간은 장시간이 되었다. 이로 인해 산출량이 늘어나면서 인구 증가가 가능해진다는 것이다. 이렇게 근대 이후가 되면 인구 증가라는 보너스로 산출량은 더욱 늘어나고, 인구 증가와 산출량 증가의 선순환이 진행된다고 할 수 있다. 참고로 말하자면, 이와는 반대로 인구 감소로 산출량이 점점 낮아질 위험에 직면해 있다고 야단법석인 것이 현대 일본이다. 인구 수가 강하게 영향을 끼치는 것은 어디까지나 국가 전체의 산출량이다. 1인당 소득의 증가 여부는 노동 시간의 연장 또는 노동생산성의 상승에 달려 있다. 그러한 의미에서 국가 전체로 비교하면 인구가 많은 국가와는 경쟁이 되지 않는다. 그렇기 때문에 '1인당' 소득과 행복도의 관계를 문제로 삼아 온 것이다.

기아의 공포에서 실업의 공포로

어쨌든 인구 증가를 가능하게 하는 선순환 속에서 자본주의 경제가 발전함으로써 19세기부터 20세기 전반에 걸쳐 사람들은 '기아의 공포'에서 해방되어 더 '풍요로운' 생활을 누릴 수 있게 되었다. 그것이 고전파 경제학이 해명하려던 자본주의 경제사회가 가져온 변화의 본질적 요소였던 것이다.

다만, 이러한 발전은 사회주의자가 비판하듯이 경제 격차의 확대에 의한 사회적 불만과 '실업의 공포'를 새롭게 만들어 냈다. '기아에서의 해방'을 대신한 '실업의 공포'는 사람들이 근로소득으로 생활하게 되었다는 기본적인 변화에 바탕을 두고 있다. 따라서 이 사회에 필연적으로 동반되는 문제였다. 격차 확대와 함께 사회적인 공정성에 대한 불만도 높아져, 자본주의 사회가 해결해야 할 중대한 문제로 차츰 인식되었다.

그리하여 사회 정책이 실시되거나 노동자의 권리가 승인되는 등의 완만한 변화가 공업화한 사회에서 나타나기 시작했다. 이상적인 복지 국가가 그려지는 것도 이러한 변화의 연장선상에 있었다. 제1차 세계대전 후 경제학은 사회주의의 비판을 받으면서 분배를 개선해 근본적으로 이 문제를 해결하고자 했다. 그러나 1929년부터 시작된 세계 대공황기에 실업 문제는 한층 심각해졌다. 그렇게 장기간의 심각한 경기 침체에 직면하게 되자, 경제학의 관심은 다시 실업 극복을 위한 경기 회복 방법을 추구하는 데로 향하게 되었다.

그 해결책으로 나타난 것이 케인스 경제학이며 재량적인 재정 · 금융 정책이었다. 그것이 본격적으로 효과를 발휘한 것은 제2차 세계대전 후의 일이지만, 케인스는 그 효과로 사람들이 진정한 의미에서 행복을 추구하게 될 것이라

고 생각했다. 케인스는 『우리 손자들의 경제적 가능성』에서 기술 진보로 "100년 후에 우리는 1주일에 15시간 정도만 일하게 될 것"이라고 예측했다(武田晴人 『仕事と日本人』 ちくま新書, 2008, 23쪽). 즉, 경기 변동이 억제되어 지속적인 성장이 가능해지면 사람들은 그 성과를 물질적 풍요로움을 끝없이 추구하는 데 쓰는 것이 아니라, 생산성이 상승한 만큼 노동 시간을 줄이고 풍요로움에 만족하면서 인생의 더 소중한 것에 시간을 쓸 수 있게 되리라고 생각했다. 그러한 의미에서 케인스는 고전파 경제학자와 마찬가지로 경제 성장은 언젠가는 중요하지 않게 되리라고 생각했던 것이다. 케인스는 다음과 같이 말했다.

> 경제 문제가, 당연히 그렇게 되어야 하듯이, 중요하지 않게 되는 시기는 그다지 멀지 않다. 그때 우리 마음속은 … 참된 문제, 즉 인생과 인간관계의 문제, 창조와 행동 및 종교 문제가 차지할 것이다. 그리하여 인간은 영원의 문제에 직면할 것이다. 눈앞의 경제적인 걱정거리로부터의 자유를 어떻게 활용할 것인가의 문제, 즉 과학기술과 복리로 자본을 축적함으로써 인간이 얻은 자유를 현명하고 기분 좋고 선량하게 살기 위해 어떻게 이용할 것인가 하는 문제에(데릭 보크 『幸福の研究』 土屋直樹 · 茶野努 · 宮川修子 역, 東洋經濟新報社, 2001, 87쪽).[4)]

그러나 이 예측이 실현될 가능성은 낮아지고 있다. 아니 인류의 역사는 그

4) 원저는, Derec Bok, *The politics of happiness: what government can learn from the new research on well-being*, Princeton University Press, 2010. 한국어 번역본은, 추홍희 역 『행복국가를 정치하라: 성장과 분배를 넘어선 정의로운 행복선진국의 청사진』 지안출판사, 2011.

예측과는 전혀 다른 방향으로 나아가고 있다. 기술 진보로 얻어진 높은 생산성이 생활의 풍요로움으로 이어지도록 한층 더 많은 시간 동안 일하고 더 많이 소비하려고 하게 된 것이다. 예측을 실현시킬 기회가 있었던 선진국 사람들이 이처럼 행동하여 '더 풍요로운' 생활을 끊임없이 추구하게 되었던 것이다.

'경제 성장'의 탄생

결과적으로 성장 지상주의적 경제 정책에 강하게 경사되게 되었다. 사실 '경제 성장'이라는 말은 20세기 전반까지 경제학에서 거의 쓰이지 않았다. 경제 성장이 일본에서 정책적 용어로 쓰이게 된 것은 1950년대 후반부터다. 예를 들어, 1955년에 경제자립계획을 입안하던 심의회에서 당시 저명한 경제학자들이 '경제의 발전율'이라는 말을 쓰고 있음을 의사록에서 확인할 수 있다(星野進保『政治としての經濟計劃』日本經濟評論社, 2003, 243~244쪽). '경제성장률'이라는 말이 이 무렵에는 경제학자들 사이에서도 공통된 용어가 아니었던 것이다. 즉, 자본주의 경제학이 영국에서 성립해서 200년 가까이 역사가 이어지는 동안, 경제 발전을 기술하는 경제학 용어에 '경제 성장'이라는 개념은 없었다. 그것이 본격적으로 사용된 것은 지금부터 약 60년 전인 1950년대 중반이다.

그런데 언제부터인가 경제 성장이 경제 문제를 논하는 데 가장 중요한 개념이 되었다. 지금은 '경제 성장'이라는 말은 어린이들도 알고 있을 법한 '상식'이 되었다. 그래서 미국 재무부 장관과 국가경제회의 위원장을 역임한 로런스 서머스(Lawrence Summers)는 "우리는 현재 또는 장래에 미국 경제의 성장에 관한 어떠한 '제한 속도'도 받아들일 수 없다. 가능한 한 급속하고 지속적이며 포괄적으로 경제를 성장시키는 것이 경제 정책의 책무이다"라고 자신 있게 주장하였던 것이다(『행복의 연구』 88쪽). 이것이 앞서 언급한 경제학자의 자부심과 같은 것임을 알 수 있을 것이다.

왜 이 정도로 성장 정책이 중시되고 사람들 마음속에 단단히 뿌리를 내리게 되었을까? 그 답을 찾기 위해, 경제 성장을 추구한 것으로 잘 알려져 있는 '국민소득배증계획'(國民所得倍增計劃)[5]의 입안 과정을 돌이켜보자. 이 계획은 10년 동안 국민총생산을 두 배로 늘려 여러 '격차를 시정한다'는 목표를 내세웠다. 즉, 농업과 공업 간의 격차, 대기업과 중소기업 간의 격차 등 이중 구조가 된 경제적 격차에 기인한 불만을 해소하기 위해 '국민총생산의 배가', 요컨대 파이를 키우는 것이 이 정책의 목표였던 것이다. 다시 말하자면, 이 계획은 국민총생산의 배가가 목표이지, 소득 배가가 목표는 아니었다.

어쨌든, 이처럼 목표가 설정된 데는 다음과 같은 이유가 있었다. 당시 일본에는 아직 후진국적 약점이 남아 있었다. 일본 산업 · 기업의 국제 경쟁력이 약했기 때문에 외화가 부족했고, 그것이 원자재 수입의 한계로 작용하여 장기 호황의 걸림돌이 되었다. 그런 이유로 지금으로서는 상상하기 힘든 일인데, 미국의 원조가 필요하다고도 생각했다.

후진국적 약점을 극복하고 경제 규모를 확대하려면 국제 경쟁력이 있는 산업을 육성하는 것이 필요하고, 그를 위해서는 그 기초 조건이 되는 생산성 향

5) 1960년에 이케다(池田) 내각에서 책정된 장기경제계획으로, 1961년부터 10년간 명목국민총생산을 26조 엔으로 배가시키는 것을 목표로 내걸었다. 실제로는 목표치를 상회하는 성장률을 기록했다. 이케다 하야토(池田勇人)는 총리에 취임한 1960년 7월부터 병 때문에 사임한 1964년 12월까지 이 정책을 정력적으로 추진하였는데, 당시 "한 나라의 총리가 경제성장률을 정책 중심에 놓은 것은 역사상 유례없는" 것으로 평가받았다.

상이 불가결하다고 여겨졌다. 또 그 생산성 향상을 위해 해외 기술을 도입하여 기술 혁신을 이루어야 했다. 다른 한편으로 1950년대에 '합리화'는 '해고'를 연상시키는 말이었다. 생산성을 높이려고 합리화를 실현하면 실업이 증가할 것으로 예상되었기 때문이다. 이처럼 염려스러운 '실업 증가'를 극복하고 '완전고용'을 실현하는 것이 정치적 과제가 되었다. 그것은 하토야마 이치로(鳩山一郎) 내각 이래 보수당 정권의 최우선 경제 정책 목표가 되었다. 간단히 실현될 것 같지 않았지만, 정권의 공약으로 국민에게 약속했다. 기술 혁신에 의한 노동생산성 향상과 '완전고용'은 서로 모순되는 내용이다. 이 두 가지를 양립시키기 위해 생산성 향상을 상회하는 고용 증가가 실현되도록 높은 성장을 목표로 설정하였던 것이다. 이것이 강력한 성장 지향적인 경제를 추구하게 된 이유이다(武田晴人『高度成長』岩波新書, 2008).

'목적'이 아니라 '수단'으로서의 경제 성장

이처럼 '최대 다수의 최대 행복'을 실현할 수단으로서의 경제 정책과 이를 이론적으로 지지하는 경제학의 중심 과제로 경제 성장이 자리잡게 되었다. 그러나 첫머리에서 지적했듯이, 이 같은 성장 지향이 결과적으로는 사람들의 생활만족도 개선과 행복 증진으로 연결되지는 않았다. 중요한 점은 원래 경제 성장이 목표가 아니었다는 것이다. 그것은 산업·기업의 경쟁력 강화(노동생산성의 상승)와 완전 고용을 양립시키기 위한 '수단'이었다. 목표는 효율성 개선, 생산성 상승이라는 경제적 과제와 함께 완전 고용 또는 실업의 공포로부터의 해방이라는 사회적 과제의 해결이었다. 이들 문제 해결이 목적이고 경제 성장은 그 목적을 위한 수단이었다. 그 목적에 적합한 다른 수단이 있으면 그것을 선택할 수 있었다. 그런데 이제는 그 수단이 마치 특효약인 것처럼 증상이 무엇이든지 쓰려고 한다. 약효가 의심스러운데도 성장 지향이 특효약이 되어 버린 결과이다.

완전 고용과 국제 경쟁력을 동시에 추구하는 성장 노선을 명확히 내세운 1960년의 국민소득배증계획은 민간 기업의 투자 의욕에 대한 이케다 하야토(池田勇人) 총리의 강한 확신을 바탕으로 고도성장 노선을 관철하게 된다. 이미 소개했듯이, 그 계획에서 중시되었던 것이 격차의 시정이었다. 이 인식은 방향이 틀리지는 않았으나 유감스럽게도 결과적으로는 성장의 성과를 둘러싼 쟁탈전이 되어 버려 진정한 의미의 분배의 공정성을 실현할 기회를 놓쳐 버린 것 같다(武田晴人『「國民所得倍增計劃」を讀み解く』日本經濟評論社, 2014).

이상에서 알 수 있듯이, 성장 지상주의는 '기아의 공포'에서 해방될 수 있게 한 자본주의 제도에 내재한 '실업의 공포'라는 문제를 회피하기 위해 제2차 세계대전 후 각국에서 추구하게 된 경제 정책의 시행착오 과정에서 생겨난 것이라고 할 수 있다. 즉, 이것은 일본만의 특수한 일이 아니다. 『행복의 연구』(84쪽)에 의하면 "경제 성장이 정부 정책의 목표로서 가장 중요해진 것은 비교적 최근의 일이다. 미국에서는 제2차 세계대전 후에 처음으로 경기 순환의 억제와 대량 실업의 회피라는 그때까지 장기간의 우선 목표를 대신해 성장이 경제 정책의 주요 목표가 되었다. 전후 불황의 예측이 근거 없는 것임을 깨닫고 지속적인 성장 예상에 대한 의심이 낙관주의에 길을 내주었다"라고 한다. 즉, 일본이나 미국 모두 아직 반 세기 정도밖에 지나지 않은 것이다. 따라서 그러한 사고방식을 바꾸는 것이 불가능하지 않다고 생각해야 할 것이다. 그 점에 관해서는 차차 설명하기로 한다.

3 성장의 진정한 성과—'풍요 속의 안정'

주기적으로 공황이 발생하던 시대

그렇다면 경제 발전 혹은 경제 성장이 우리 생활에 진정한 의미에서 어떠한 혜택을 가져다준 것일까? 성장의 결과로 물질적인 풍요로움과 생활 수준의 개선이 이루어지고 경제사회의 안정성이 증대했다는 점이 중요하다.

장기 경제 통계 분야의 권위자인 앵거스 매디슨(Angus Maddison)이 만든 세계 장기 통계를 바탕으로 주요 국가들의 장기 경제성장률의 변화와 물가 변동을 관찰할 수 있다. 원래 이런 통계를 작성하지는 않았으므로, 많은 부분을 추계할 수밖에 없지만, 장기 경제 통계로서는 이 통계가 가장 신뢰할 수 있는 것으로 여겨지고 있다. 여기서는 일본과 영국의 자료만을 소개하는데, 미국과 독일도 공통된 특징을 지닌다.

일본에 관한 장기 경제성장률의 변동은 〈그림 1-5〉에 나타나 있다. 그래프의 옅은 색은 명목성장률, 짙은 색은 물가 변동을 나타내는데, 제1차 세계대전 전의 1890년대에서 1900년대의 명목성장률이 매우 큰 진폭을 보이고 있음을 알 수 있다. 즉, 자본주의 경제의 발생기, 이른바 일본의 산업혁명기에는 물가와

그림 1-5 일본의 명목성장률과 물가 변동

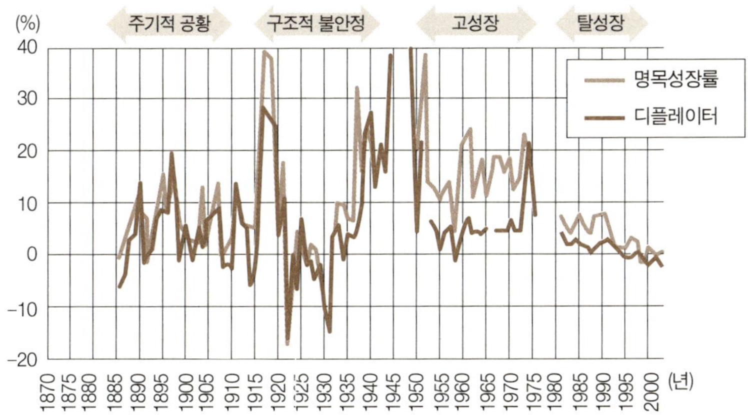

출처: 『マクミラン世界歴史統計 2 日本・アジア・アフリカ編』 原書房, 1984에서 작성.

그림 1-6 영국의 명목성장률과 물가 변동

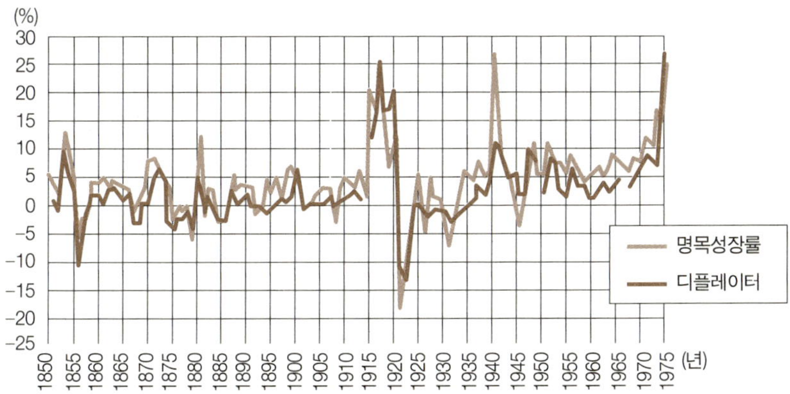

출처: 『マクミラン世界歴史統計 1 ヨーロッパ編』 原書房, 1984에서 작성.

성장률이 매우 빈번히 상하로 움직였던 것이다. 이와 같은 현상은 영국의 산업혁명기에서도 관찰된다(〈그림 1-6〉).

즉, 산업화가 진전되어 자본주의 경제가 성립하던 시기는 주기적으로 경제 공황이 발생하는 상황이었던 것이다. 당시 고전파 경제학에서는 이와 같은 주기적인 공황의 발생을 자본주의 경제가 회피할 수 없다고 생각했다. 그것은 시장이 안정적인 균형 상태를 찾아내리라고 이론적으로 생각하던 것과는 별도로, 현실적으로는 균형 상태에서 점점 멀어져 가는 듯한 폭주가 시작될 수 있음을 인정하였기 때문이다. 그리고 그러한 현상조차도 자본주의 경제사회가 발전하기 위한 불가피한 단계라고 보았다. 그것은 다음과 같은 이유에서다.

주기적인 공황이 일어나는 이유는 경제 규모가 확대해 가는 데 비례해 필요한 자원이 모두 순조롭게 공급되지는 않는다는 간단한 사실에 기초를 두고 있다. 생산 활동이 확대될 때 걸림돌로 작용하는 예로는 노동력을 들 수 있다. 어떤 특정한 사회를 전제로 하면, 그 안에서 조달할 수 있는 고용자 수에는 한계가 있다. 따라서 노동생산성이 순조롭게 상승하지 않으면 생산 증가에 따라 노동력이 부족해지고 임금 상승으로 귀결된다. 자연적인 인구 증가에 의한 노동 공급은 단기간에 가능하지 않다. 농업과 농촌 등에서의 사회적 이동으로 공급을 늘리는 데도 한계가 있다. 그 한계를 돌파하는 방법은, 앞서 지적한 합리화와 실업의 관계와 마찬가지로, 주기적인 생산성 상승을 실현시키는 것이다. 그럼으로써 현재의 생산 수준을 유지하는 데 필요한 노동력의 총량을 줄이는 것이다. 공황이 일어나 불황으로 전락하면, 더 유리한 생산 조건, 즉 생산성이 높고 효율성이 좋은 기업만이 살아남게 된다. 시장 메커니즘에 의한 도태다. 효율이 나쁜 기업이 퇴출된 결과, 평균적인 생산성의 수준은 공황 이전에 비해 높아진다. 그리하여 같은 생산 수준을 실현하는 데 필요한 노동력의 양은 축소된다. 이렇게 실업이 발생한 후, 다시 그것을 다 흡수할 때까지 경제 규모를 확대할 수 있다.

이러한 변화가 공황을 매개로 이루어지므로 공황은 자본주의 경제가 규모 확대를 실현하려면 거쳐야만 하는 것이며, 그것이 주기적으로 출현하는 것은 시장경제 시스템에 내재한 발전 메커니즘의 발현으로 해석된 것이다. 불안정성을 내포하고 있기 때문에 역동적인 발전 역시 가능하다고 생각한 것이다.

경제학은 '안정성'에 공헌해 왔다

그런데 그러한 변화로 발생하는 기업의 도산과 실업 문제에 직면하면서, 자본주의 경제사회는 제1차 세계대전 후부터 제2차 세계대전기에 걸쳐 엄청난 경기 변동에 시달리게 된다. 앞서 소개한 〈그림 1-5〉와 〈그림 1-6〉에서 이 시기에 그래프의 진폭이 커진 것이 그것을 잘 보여 준다. 제1차 세계대전 후부터 제2차 세계대전 전, 즉 두 세계대전 사이에는 그 이전의 주기적인 변동을 상회하는 큰 진폭이 계속되었다. 이것은 일본만이 아니라 미국, 영국, 독일에서도 확인할 수 있다.

한편, 제2차 세계대전 후에는 그러한 구조적인 불안정기가 끝나고 성장률이 전 시기에 비해 훨씬 높은 수준에서 상당 기간 지속되는 특징이 나타났다. 일본의 경우, 성장률이 물가변동률보다도 높은 상태가 이어져, 소득 수준을 상승시키는 실질적인 성장이 상당히 빠른 속도로 계속되었음을 확인할 수 있다.

그러다가 최근으로 오면서 성장률이 서서히 하락하여 물가변동률과 성장률 선이 교차한다.

그러면 이와 같은 사실로부터 어떠한 중요한 점을 알 수 있을까?

첫째로, 경제 변동의 '폭'이라는 점에서 보았을 때, 최근으로 올수록 그것이 작아진다는 것이다. 그것은 장래 경제 상태에 관한 예측 가능성을 높이는 것이다. 이러한 예측 가능성 – 안심이라는 말이 이해하기 쉬울지 모르지만 – 이야말로 경제 시스템의 안정성이 가져다준 것이다. 이것이 경제 발전의 중요한 성과다. 내년에는 어떻게 될지 모르는 상태가 아니게 된 것이다.

또한, 이와 관련해 중요한 점은 제2차 세계대전 후의 자본주의 경제사회에서는, 특히 고도성장기에는 성장률이 제로보다 훨씬 높았으며, 경제성장률과 물가 변동 모두 거의 마이너스가 되지 않았다는 것이다. 제2차 세계대전 전에는 전년에 비해 물가가 마이너스가 되는 경우가 종종 있었다. 그것은 최근 일본 경제에서 문제가 되고 있는 디플레이션 현상이라고 할 수 있는데, 다만 그 진폭의 크기가 최근보다 매우 크다. 당시 사람들이 보면 최근의 디플레이션을 둘러싼 소란은 쓸데없는 야단법석으로밖에 보이지 않을 것이다.

요컨대, 이 그림에서 확인할 수 있는 점은 자본주의 경제사회가 최근으로 오면서 상당히 안정적으로 확대될 수 있는 구조를 갖추게 되었다는 것이다. 자본주의의 형성기에는 주기적인 공황이 경제 발전에 불가피하게 보이는 구조였지만, 지금은 그러한 공황을 매개하지 않는 다른 메커니즘의 발전이 지속되고 있다고 생각할 수 있는 것이다. 안정성이 증대하는 현상을 좀 다른 관점에서 정리한 것이 〈표 1-1〉이다. 제1차 세계대전 후의 1920년 공황, 쇼와 공황(昭和恐

표 1-1 투기 붕괴 전후의 경제 지표

(단위: %)

	1920년 공황	쇼와(昭和) 공황	열도 개조 붐	헤이세이(平成) 버블
상승 국면	1915~1920년	1926~1929년	1968~1973년	1985~1990년
도매 물가	268.5	95.5	122.6	90.6
소비자 물가	248.3	92.5	140.5	107.0
주가	305.7	68.4	362.2	271.0
지가	278.0		322.0	297.6
명목임금	306.7	104.0	194.4	118.2
하강 국면	1920~1922년	1929~1931년	1973~1975년	1990~1992년
도매 물가	75.5	70.9	135.3	97.8
소비자 물가	90.3	79.5	139.1	104.9
주가	59.6	62.7	86.1	53.4
지가	87.8		92.5	87.0
명목임금	108.5	67.3	154.8	105.3

출처: 『經濟統計年鑑』(東洋經濟新報社) 등을 이용하여 작성함.

慌),[6] 열도 개조 붐,[7] 1990년의 버블의 앞뒤로 어느 정도 경제 지표가 움직이고 있는가를 알아보기 위해 도매 물가, 소비자 물가, 주가, 지가, 명목임금이라는 지표를 정리한 것이다.

제2차 세계대전 전의 데이터에서는, 1920년 공황이 가장 전형적인데, 이상의 모든 지표가 계측 기간 중에 2배에서 3배라는 매우 높은 변동을 보이고 있

6) 1929년 가을에 미국에서 발생한 세계 대공황의 영향을 받아, 1930년(쇼와 5년)부터 1931년까지 일본 경제를 위기적인 상황으로 몰고 간 공황으로 제2차 세계대전 이전 일본에서 가장 심각한 경기 침체기였다.

7) 1972년 1월부터 1973년 11월까지의 경기 확장기를 일컫는 말로, '일본 열도 개조론'에 의해 영향을 받았다. 열도 개조론은 다나카 가쿠에이(田中角榮)가 자민당 총재 선거를 앞두고 1972년 6월에 발표한 정책 요강으로, 인력 · 자금 · 재화의 흐름을 거대 도시에서 지방으로 역류시키는 지방 분산이 핵심 내용이었다.

다. 5년간에 3배가 된다는 것은 상당한 리스크라 할 수 있다. 그 후의 폭락 과정에서는 도매 물가가 25%, 주가가 40%, 그리고 지가는 12% 정도 하락했다.

그에 비해 열도 개조 붐과 버블 때에는 주가와 지가가 기간 중에 2배, 3배가 되었지만, 물가는 상이한 움직임을 보였다. 버블적인 경기 확대가 일어나면 주가와 지가 등의 자산 가격이 폭등한 뒤 다시 폭락한다는 점에서는 100년 전과 그다지 크게 다르지 않다. 그러나 소비자 물가는 최근으로 올수록 경기 변동에 영향을 받지 않고 매우 안정되어 있다. 극심한 물가 변동 또는 경기 변동은 이미 과거의 일이 되어 버린 것이다. 즉, 장래에 대한 '계산 가능성'을 높이고 있다. 물가와 임금의 극심한 상하 변동은 장래를 예측할 수 없게 하여 안심할 수 있는 미래를 위협하곤 했다. 그런데 그것을 통제할 수 있게 되었기 때문에 그러한 장기적인 변화는 긍정적으로 평가해야 한다고 생각된다.

다시금 정리하자면, 고전파 경제학자나 마르크스는 자유주의 단계인 산업혁명기의 주기적인 공황이 시장을 기초로 하는 경제 시스템에서는 본래 불가피하게 발생하는 것이고, 또 그것에 의해 비로소 자본주의 경제가 발전한다고 생각했다. 주기적인 공황에 의해 상대적 과잉 인구가 창출되고, 즉 노동력이라는 부족한 자원이 사회적으로 창출되어 더 효율적인 생산 시스템으로 전환해 간다. 이렇게 자본주의 경제는 발전하는 것이므로 공황은 불가피하다고 생각되었던 것이다.

그러나 공황 과정에서 발생하는 여러 가지 어려움(도산과 실업)을 사회적으로 극복하지 못하면 자본주의 체제를 유지하기 어려우므로 공황을 회피할 방법을 모색하게 된다. 예를 들어, 기업이 카르텔을 만들어 가격을 통제하려고 한 것도 그러한 목적에 바탕을 둔 것이라고 볼 수 있다. 세계 대공황기 이후가 되면 수요 창출 정책 등 정부에 의한 시장 개입이 이루어져 경기 변동을 제어하려고 노력하였는데, 그 결과로 안정적인 경제 시스템이 실현되었던 것이다.

이상과 같이 역사적으로 볼 때, 자본주의 경제는 시장경제 메커니즘이 수반하는 누적적인 악순환을 인위적으로 제어하기 위해 반순환적인 경기 조정 정책 등 시장에 대한 적절한 개입 수단을 고안함으로써 한층 안정적인 경제 시스템이 되도록 추구해 왔다고 할 수 있다. 그리고 그러한 안정성을 실현하기 위한 정책적인 수단과 제도적인 고안에 이론적인 기초를 제공해 온 것에 경제학의 주요한 공헌이 있다고 할 수 있다. 경제학은 돈벌이에 도움이 되는 실학이 아니라 경세제민을 위한 정책의 학문이었던 것이다.

제2장

일본의 고성장이란 무엇이었을까?

제2장

일본의 고성장이란 무엇이었을까?

1 고성장의 국제 구조

냉전의 부산물

이 장에서는 일본의 고성장 경제를 되돌아볼 것이다. 우선은 그 무대를 넓게 둘러보자.

제2차 세계대전 후의 세계는 세계대전을 일으키게 된 국제적 대립 과정을 반성하면서 국제 간의 이해 조정과 협의의 구조를 강화하고 있었다. 제1차 세계대전 후에 설립된 국제연맹을 계승한 국제연합에 의해 안전 보장 체제가 구축되고, 노동 조건의 균등화를 위한 국제노동기구(ILO) 등 다양한 목적의 국제기구가 신설되었다. 세계는 19세기 열강 제국 간의 동맹 · 대립의 시대에서 20세기에는 국제적인 정치 · 경제 시스템의 협조의 틀을 구축하는 방향으로 움직이기 시작했던 것이다.

이러한 변화 속에서 경제적으로 중요한 의미를 지니게 된 것이 각국 통화의 안정과 자유 무역 확대를 위해 설립된 국제통화기금(IMF)과 관세 및 무역에 관한 일반 협정(GATT)이다. 동서 냉전으로 분열 상태가 되었다고는 해도, 20세기 후반의 서방 국가들 간에는 선진 공업국 간의 경쟁 조건을 균등화하는 노동조건 개선과 통화 안정을 위한 조치가 필요했는데, 이들 기구는 그를 위해 설립되었다. 또한, 그것은 제2차 세계대전 전에 자유로운 무역 관계를 파괴했던 환율 덤핑과 저임금을 무기로 한 '소셜 덤핑'[1] 같은 불공정한 무역을 배제하고 무역 이익을 확보할 틀을 마련하기 위한 것이기도 했다.

다른 한편으로 개발도상국에서는 미국의 원조로 친미 정권이 정치 체제의 안정을 추구하면서 경제 개발이 진행되었다.

이 두 가지 조건은 냉전이라는 대립 구도 때문에 동서 양측 모두 같은 진영 내의 협조와 조정을 우선에 두고 정치 · 외교상의 판단을 하게 되었다는 의미에서, 후발 공업국에는 유리한 경제사회 시스템이었다. 자신의 진영 내에 후발 공업국들을 묶어 두기 위해, 그들 지역에 원조를 통한 빈곤 해결과 경제 개발을 우선시했기 때문이다. 또 선진국의 무역 자유화는 수출 지향의 경제 발전 가능성을 후발국에 제공해 준 것이기도 했다.

그런데 거액의 원조에도 불구하고 개발도상국에서 경제 발전이 좀처럼 진척되지 않았다. 그 이유는 석유 등 경제 자원에 미국 등 선진국의 지배가 강고

1) 국가 · 사회적 규모로 덤핑을 수반한 수출을 의미. 세계 대공황 기간이던 1931년 이후 면제품과 잡화류를 중심으로 일본의 수출이 급증하여 불황이 더욱 심해진 영국에서 일본을 비판하기 위해 처음 사용되었다. 당시 영국은 일본의 정부와 자본가가 노동자를 비인간적으로 취급하면서 부당하게 가격 경쟁을 시도하고 있다고 비판했다.

하게 뻗쳐 있고, 한편으로 개발 원조의 혜택이 위생 상태의 개선으로 나타난 결과 급속한 인구 증가가 진행되어 경제 발전을 제약했기 때문이다. 패전 후 일본에서도 베이비 붐이 일어나 인구가 급속하게 증가하였는데, 개발도상국의 인구 증가 속도는 그보다 훨씬 더 빨랐다.

개방 경제 체제의 형성과 고성장

다른 한편으로 선진 공업국에서는 무역 자유화와 환율 안정 하에서 자본 이동의 제한이 완화되면서 고성장 경제가 출현했다. 서유럽 공업국, 특히 서독에서는 이 시기에, 그 이전 또는 이후보다 성장률이 높았다. 그런데 이 시기에 가장 높은 성장률을 보인 국가는 일본이었다. 1960년을 전후로 고성장한 일본이 경제 대국이 된 것은 '기적'으로 비추어졌다.

일본의 고성장은 미국을 중심으로 한 자유 무역의 진전에 의해 가능해진 수출 시장의 확대와 저렴한 자원의 수입에 기반을 두었다. 이러한 무역의 이익이 성장률을 높이는 요인이 된 것은 사실이나, 자유 무역은 단순히 해외 시장이 확대되었다는 의미 이상을 지니고 있었다. 선진 공업국 그룹에서는 자유 무역 체제와 자본 이동의 자유화가 바람직한 미래상으로 상정 · 공유되어, 보호 정책을 철폐하고 개방 경제 체제로 이행하는 것이 이미 예정되어 있었다. 즉, 각국은 개방 경제 체제로의 이행을 상정하고 그때까지의 과도적 조치로써 무역과 환율의 관리, 자본 이동에 대한 제한을 하고 있었던 것이다. 이러한 제한은 결국 해제될 것으로, 다시 말해 종착점이 있다는 의미에서 전문적으로 '일몰(sunset) 조항이 붙은 보호 조치'라고 표현하는 경우가 있다. 결국 규제는 해제되고 무역은 자유화될 것이므로 그때까지 국제 경쟁력을 강화해야 하는데, 그러려면 기술 혁신적인 설비 투자를 전개할 필요가 있다는 식으로 인식되었다. 그리하여 선진국 진입을 목표로 한 일본에서도 투자 주도형 경제 성장이 촉진되었던 것이다.

해외 수요의 확대와 국내의 활발한 투자 수요가 고성장을 가져오는 발전의 원동력이었다고 할 수 있는데, 이러한 현상은 일본의 고성장기에도 발견된다. 그 시기에 일본에서는 활발한 기술 혁신이 일어났다. 그리고 인구 증가라는 평화가 가져온 보너스에 의해 풍부한 노동력 공급의 기초가 마련되었다는 점도 중요했다. 그 시기는 일본의 역사에서 젊음이 넘치고 변화가 많았던 시대였다.

1980년대 이후의 주역 교체

물론 이러한 구조가 오래 지속되지는 못했다. 개발도상국이 선진국의 자원 지배에 대해 이의를 제기하고 미국의 지위가 저하했기 때문이다. 서방 진영을 유지하기 위해 미국은 마셜 플랜을 비롯해서 막대한 경제적 · 군사적 원조를 유럽 · 아시아에 제공하고 있었는데, 진흙탕 싸움 같은 베트남 전쟁으로 미국 경제가 약화되었던 것이다. 그래서 1970년대 초에 미국은 달러 방위 정책을 실시하게 되고 국제 통화 체제는 변동환율제로 전환되었다. 또한, 미국의 중동 정책에 불만을 품은 중동 산유국들의 석유 전략에 의해 자원 가격이 급등했다.

그러자 세계는 그때까지의 구조에서 새로운 구조로 이행하였다. 저렴한 자원 획득이 곤란해지면서 인플레이션이 발생하고 성장률은 둔화되어 고성장 시대가 종식되었다. 성장률이 굴절한 것이다. 또한, 국제 통화 체제가 동요하게 되자, 그에 대응하기 위해 선진국 간의 더 긴밀한 협조 하에 '기축통화 달러'를 관리하려는 노력이 모색되었다. 다른 한편에서는, 변동환율제라는 시장 메커니즘에 맡겨진 환율 조정에 의해 초래되는 리스크를 회피하기 위해 금융적인 수단의 발달이 촉진되었다. 그 결과 그때까지보다 더 자유로운 자본 이동이 가능한 국제 금융 시장이 발전하게 되었다. 이와 같이 철저한 자유 무역의 추구와 자유로운 자본 이동의 용인에 의해 개발도상국에 대한 직접투자가 활발해져, 그에 기반하여 공업화가 진전되는 국가와 지역이 나타나게 되었다. NIEs(한국, 대만, 홍콩, 싱가포르)와 BRICs(브라질, 러시아, 인도, 중국)에서 성장을 위해 도약할 수 있는 조건이 갖추어지게 되었던 것이다.

그리하여 세계 경제를 주도하고 고성장 경제를 실현하는 주역이 교체되었다. 후발국 경제 발전의 원동력이 되는 직접투자가 활발해진 이유는 1990년 전후에 냉전 체제가 붕괴됨으로써 그때까지의 선진 공업국 간의 협조 체제가 이완되고 각기 개발 원조를 독자적으로 실시하게 되었기 때문인 것으로 생각된다. '글로벌화'는 이러한 변화를 포착한 말로써 많이 쓰이게 되었다. 그러한 의미에서 일본을 포함한 1960년대의 고성장 경제와 1980년대 이후 나타나는 국가들의 고성장 경제는 상이한 국제적 조건 하에서 실현되었다고 할 수 있다.

2 일본의 성장 메커니즘

완전고용과 국제 경쟁력이라는 두 가지 목표

일본 국내로 눈을 돌려 일본이 특히 높은 성장을 실현한 이유를 생각해 보자. 아마 그 국내 메커니즘에도 동시대 다른 선진 공업국과 공통된 면이 있을 것이다. 그것을 염두에 두면서 1960년대 자본주의 경제의 특징을 정리해 보면, 첫째로 케인스적인 경기 조정 정책이 재정 · 금융 정책을 수단으로 시행됨으로써, 앞장에서도 보았듯이 경제 시스템으로서의 안정성이 높아졌다. 그 때문에 이 시기 일본에서는 '성장률 순환'이라고 표현되는 안정적인 경제 성장이 계속된다. 앞장의 〈그림 1-5〉를 보면, 고도성장기에는 성장률이 마이너스가 아닌 플러스 쪽에서 오르내리고 있는 것을 확인할 수 있다. 이것이 성장률 순환이다.

확실히 잘 알려져 있듯이, 진무 경기(神武景氣)[2] 뒤에 냄비형 불황이 있었고, 이와토 경기(岩戸景氣)[3] 뒤에는 1965년 불황이 있는 등 경기의 진폭 · 변동이 관찰된다. 경기가 확대되면 원재료와 투자재의 수입이 급증해 무역 수지가 적자가 되고 외화가 유출된다. 그 결과 외화 잔고가 감소하면 정부는 재정투융자의 연기와 긴축 금융 정책을 발동해 경기의 확대에 제동을 걸었다. 외화 잔고의

2) 일본에서 고도 성장이 시작되던 1954년 12월부터 57년 6월까지 발생한 폭발적인 호경기를 일컫는 말로, 일본 초대 천황인 진무 천황이 즉위한 때(기원전 660년) 이후 유례없는 호경기라는 의미로 명명되었다.

3) 1958년 7월부터 1961년 12월까지 42개월 동안 계속된 호경기를 일컫는 말로, 진무 경기를 뛰어넘었기 때문에, 진무 천황보다 더 오래된 "아마테라스노 오카미가 바위(岩戸)에 숨어 있던 시대 이래의 호경기"라는 의미로 명명되었다.

상황에 따라 가다 서다가 반복되는 상태를, 당시에는 상승하는 경기가 국제 수지라는 천장에 부딪혀 그 이상 위로 올라갈 수 없게 되었다는 의미에서 '국제 수지의 천장'이 있다고 표현했다.

그렇다 하더라도 경제성장률이 마이너스가 되는 일은 없고 속도가 조금 떨어졌다가 무역 수지 개선으로 외화 부족이 해소되면 다시 고성장이 발동되는 과정이 반복되었던 것이다. 그것이 성장률 순환이라고 표현되는, 성장률이 플러스인 채 경기 변동이 발생하는 상태였다. 높은 성장 지향은 지속되고 있었던 것이다.

해외 시장이 순조롭게 확대되고 있던 것은 일본의 성장에 유리한 환경이었다. 그러나 성장의 원동력이 된 것은 국내의 활발한 설비 투자 경쟁이었다. '투자가 투자를 부르는' 상황이었다. '소득배증계획'을 입안할 무렵, 이케다 하야토 총리의 개인 참모로서 강력한 경제 성장 전략을 추진한 시모무라 오사무(下村治)라는 경제학자는 이 시기의 일본에 대해 '역사적 발흥기'라는 표현을 사용하여 그 강력한 활력을 강조하였다. 시모무라는 '기업가들 사이에 넘쳐나는 강력한 합리화 · 근대화 의욕'이라는 추진력이 노동력에 여유가 충분한 상황을 맞이하여 높은 설비 투자로 이어지고 있다고 지적하였다. 따라서 높은 경제 성장이 실현된다는 논리였다.

이케다 내각이 강력한 성장 정책을 실시하게 된 배경에는, 1960년 안보조약 개정을 둘러싸고 극심한 '보혁(保革) 대립'을 보인 국내의 정치 구도를 유화시키기 위해,[4] 국민의 관심을 정치에서 경제로 돌려놓으려는 의도가 있었다.

4) 1960년에 미일안전보장조약(안보조약)의 개정을 둘러싸고 '안보투쟁'이 일어났다. 1951년에 체결된

그러나 성장 정책 자체는 그 이전의 하토야마 이치로 내각, 기시 노부스케 내각에서도 추구했다. 특히, 1950년에 경제자립 5개년계획을 책정한 하토야마 내각은 소련과의 국교 정상화라는 외교 과제와 함께 '완전고용의 실현'을 내각의 기본 정책으로 책정했다. 일본도 선진 공업국이 추구하기 시작한 '실업의 공포'에서의 해방과 복지 사회의 실현을 목표로 하자는 것이었다. 앞장에서도 언급했듯이, 국제 경쟁력이 약한 일본의 산업이 국내에서 필요한 고용 기회를 충분히 공급하기 위해서는 기술 혁신으로 노동생산성을 높여야만 했다. 그렇기 때문에 완전고용과 국제 경쟁력이 있는 산업의 육성이라는 두 조건을 양립시킬 방법은 높은 성장으로 경제 규모를 현격히 확대시키는 것이었다. 즉, 경제 성장이 필요했던 것이다. 바꿔 말하면, 두 조건을 양립시킬 수단으로 경제 성장이 필요했다. 이와 같은 상황에 대해 시모무라는 노동력은 풍부하고, 기업은 국제 경쟁력을 확보하기 위해 투자에 의욕적이라고 하여 고성장 시대가 도래했음을 주장한 것이다. 거기에는 민간 기업의 활력이 높은 데 대한 강한 신념이 있었다.

이렇게 시작된 일본의 고성장 경제에 관해서는 활발한 설비 투자, 특히 철강업의 대규모 합리화 계획과 난립이라 할 정도로 많이 계획된 석유화학 콤비

안보조약은 1960년 1월 자민당의 기시 노부스케(岸信介) 내각이 미국을 방문하여 신조약이 조인되었다. 종래의 안보조약이 단순히 미군에 기지를 제공하는 것에서 신조약이 미일 공동 방위를 의무화하는 것이었기 때문에, 일본이 전쟁에 휘말릴 수 있다는 비판이 제기되었다. 그런데 기시 총리가 5월 중의원에서 조약의 비준을 강행하여 표결로 통과시키자, 이에 분노한 시민들이 6월에 국회의사당 앞에서 대규모 항의 시위를 벌였다. 6월 15일에는 시위대와 경찰이 충돌하는 과정에서 도쿄대학 여학생이 사망했다. 그 후 조약은 참의원에서 표결 없이 자연 통과되어 자동 성립되었으나, 그 과정에서의 책임을 지고 기시 내각은 사퇴하게 되었다.

한편, 2016년 8월에는 자위대의 해외 파병이 현행 헌법 하에서도 가능하다는 '해석개헌'에 반대하는 시위가 1960년 안보투쟁 이래 대규모로 국회의사당 앞에서 연일 벌어졌는데, 이 해석개헌을 주도한 아베 신조(安倍晋三) 총리는 기시 노부스케의 외손자이다.

나트 건설 등이 주목되는 경우가 많다. 기초 자재가 최신의 대규모 설비에 의해 양질이면서 저렴한 가격으로 공급된 것은 확실히 이 시기의 특징 중 하나였다.

그런데 그에 비해 기계 공업의 발전이 산업 발전에서 중요한 역할을 담당했다는 사실은 그다지 잘 알려져 있지 않다. 일반적으로 이 시기에 산업 구조가 중화학 공업화했다고 표현되지만, 여기서는 '산업 구조의 기계 공업화', 즉 기계 공업을 중심축으로 하는 산업 구조로의 전환이 진행된 것에 주목하고자 한다. 이러한 산업 구조의 전환이 고성장에 중요한 역할을 수행했다(〈표 2-1〉).

기계 공업이 중요한 세 가지 이유

왜 기계 공업이 중요한 것일까? 첫째는 기계 공업이 고용 유발 효과가 큰 산업이라는 점, 둘째는 기계 공업의 생산 기술 진보가 특이성을 지닌다는 점, 셋째는 제품 분야가 광범하여 관련 산업으로의 파급 경로가 다양성을 지닌다는 점이다.

철강업이나 석유화학 공업은 확실히 투자액의 규모가 크기 때문에 경제학에서 말하는 '규모의 경제성'이 작용하는 등 성장을 위한 효율성 상승에는 큰 공헌을 한다. 그러나 이러한 장치 산업은 자본 구성이 높아, 즉 거대한 설비가 건설되는 등 자본 투자가 큰 데 비해서는 필요한 노동자 수가 적다는 특질 때문에 그 산업만으로는 고용이 그다지 늘지 않는다. 그에 비해 기계 공업은 노동집약적인 공정을 비롯한 많은 공정의 조합으로 이루어졌고, 부품 생산과 소재 가공 등 관련 분야도 넓어서 고용이 비약적으로 증가한다는 특징이 있다. 고용 기회의 확대는 경제 성장에 필요한 조건이다.

표 2-1 제조업의 구성

(단위: %)

	종업원 수			부가가치액		
	1950년	1970년	증감	1950년	1970년	증감
1. 철강	6.3	4.7	−1.6	9.6	6.9	−2.7
2. 비철금속	2.0	1.8	−0.2	3.1	2.7	−0.4
3. 금속 제품	3.4	7.2	3.8	2.9	6.5	3.6
1-3 소계	11.7	13.8	2.1	15.5	16.0	0.5
4. 일반기계기구	8.4	10.1	1.7	6.6	11.8	5.2
5. 전기기계기구	4.0	11.5	7.5	3.8	11.9	8.1
6. 수송용 기계기구	7.0	7.5	0.5	5.7	9.5	3.8
7. 정밀기계기구	1.4	2.1	0.7	1.1	1.6	0.5
4-7 소계	20.9	31.2	10.3	17.2	34.8	17.6
8. 화학	8.5	4.2	−4.3	14.9	10.1	−4.8
9. 석유 · 석탄 · 고무 · 펄프 · 종이	5.7	4.7	−1.0	8.1	5.4	−2.7
1-9 소계	46.8	53.9	7.1	55.7	66.4	10.7
10. 요업 · 토석	5.3	4.9	−0.4	4.6	4.8	0.2
11. 섬유 · 의복	23.5	14.4	−9.1	20.3	7.7	−12.6
12. 목재 · 목제품 · 가구 · 장비품	8.8	7.2	−1.5	4.6	4.5	−0.1
13. 식료품	9.0	9.8	0.8	8.1	8.0	−0.1
14. 출판인쇄	3.2	4.0	0.8	4.5	4.3	−0.3
15. 기타	3.4	5.8	2.4	2.2	4.4	2.2
1-15 합계	100.0	100.0		100.0	100.0	
실수 1,000명 · 10억 엔	3,860	11,680	7,820	731	24,572	23,841

출처: 『近現代日本經濟史要覽』 12쪽. 원자료는 經濟産業省 『工業統計表』.

두 번째 이유는 기계 공업을 통한 생산성 향상의 메커니즘과 관련된다. 고용 흡수력이 높다는 것은, 관점을 달리하면 낮은 노동생산성이 효율적인 기계 생산에 큰 제약이 될 가능성이 있다는 것을 의미한다. 따라서 기계 공업이 발전하기 위해서는 그러한 제약을 극복해 갈 생산 시스템 정비와 생산성 상승이 필요하다. 그러한 의미에서 기계 공업은 장치 산업의 대형 설비와는 대조적 성격을 지니고 있다.

분업과 협업의 정교한 조합이 근대적인 생산 체제의 기초이며, 그에 의한 비약적인 생산성 상승이야말로 근대 사회 경제 성장의 근거였다는 애덤 스미스의 설명에 잘 들어맞는 분야가 기계 공업이다. 전통적 기계 생산의 존재 방식에서는 다재다능한 숙련 직인이 소재부터 완성품까지 일일이 제작하였지만, 공장에서의 양산형 기계 생산에서는 전문 기능을 지닌 노동자들이 분할된 복수 공정에서 기계의 소재 가공, 부품 생산, 조립 등을 분담하는 것으로 바뀌어 간다.

이렇게 분업화되고 전문화된 생산 공정에서는 노동자들이 좁은 범위를 담당해 그 속에서의 문제 발견뿐만 아니라 해결책을 모색하기도 쉬워 생산성 개선에 집중할 수 있게 된다. 각 공정이 세분화되고 각각에 필요한 기술, 기계 체계, 기능에 차이가 나기 때문이다. 그러나 문제를 발견하고 해결해 가는 과정에서 이루어지는 각 공정의 생산성 상승이 동기화되어 어느 공정에서나 같은 속도로 생산성이 상승하는 경우는 거의 없다. 그런데 특정 작업 공정의 능률만이 향상되어 그곳의 인력이 남고, 다른 공정의 능률은 오르지 않아 작업이 지체되면 전체 공정에 영향을 끼치게 된다.

그러나 이러한 차이가 생기는 것이 생산성 상승에는 오히려 좋은 조건이었다. 차이가 발생한 결과, 생산성 상승의 병목이 전체 공정 중에서 부각되어 거기에 개선의 노력이 한층 더 집중되었기 때문이다. 능률이 높아진 공정의 인력을 다른 공정으로 돌리고, 작업이 지체된 곳은 복선화하거나 분할해 능률을 개선하는 고안이 거듭된다. 공정이 분할되어 있거나 분할할 수 있다는 것이 이러한 대응을 가능하게 했다. 이렇게 기계 공업에서는 공정 간의 분업과 협업이 심화되는 가운데 생산 공정의 세련화가 이루어져서 되풀이되는 문제의 발견과 해결의 진화적 과정이 연동적으로 진행될 가능성이 크다. 즉, 기계 공업은 생산성 상승이 지속적으로 전개된다는 특징을 지니고 있는 것이다.

이 기술 진보의 특성은 부차적으로 경제 성장의 지속에 큰 영향을 끼치고 있다. 그것은 기술의 진보가 생산 공정 내에서 연속적으로 일어나는 데 바탕을 두고 있기 때문에 각각의 설비에 대한 소규모 갱신의 축적이 이어지게 된다. 이를테면 장치 산업의 대형 플랜트 같은 단속적인 대규모 설비 투자보다 지속적 설비 갱신으로 설비 투자가 완만하게 이루어지고 생산 능력도 연속적으로 확대된다는 것이다. 그것은 대규모 투자가 자주 직면하는 단속적인 수급 불균형, 당시의 표현으로 하자면, '과잉 투자 · 과잉 설비 · 과잉 경쟁'이라는 마이너스의 연쇄에서 완전하지는 않다고 해도 어느 정도 벗어날 수 있는 가능성이 있기 때문이다.

이렇듯 투자가 연속적이고 투자에 의한 수급 불균형도 억제됨으로써, 기초적인 생산 시스템 속에 경기 변동을 억제하는 요소가 심어져 있다고 할 수 있다. 즉, 자본주의적 경제 제도의 안정화에도 공헌하는 것이다.

세 번째 요인은 투자재이기도 하고 소비재이기도 한 기계라는 제품의 특성에 의한 것이다. 대량 소비와 연결되는 내구소비재가 기계 공업 분야에 포함된다. 따라서 수요 확대가 기업의 수익 증가에 따른 투자 수요이든, 근로자의 소득 증가에 따른 소비 수요의 증가이든 간에 기계 공업은 수요 확대의 혜택을 받게 된다. 그리하여 그에 대응하기 위한 생산 확대를 통해 산업의 연쇄적인 발전에 연결되는 역할을 수행할 수 있게 된다.

기계 생산을 위해서는 기계가 필요하고, 철 등의 소재도 필요하다. 이렇듯 국내 투자 수요에 의해 생산과 투자가 확대되는 동시에 고용이 증가해 가계 소비도 확대된다. 가계의 소득 증가에 따라 늘어난 대표적인 소비재가 '3종의 신기(神器)' 또는 3C라고 불리는 가전제품(텔레비전, 냉장고, 세탁기, 에어컨)과 자동차이다.[5] 이들 제품도 처음에는 14인치 텔레비전, 80리터 용량의 소형 냉장고라는 단일 상품으로 대량 생산되어, 가격이 인하되면 더 많은 소비자가 구입하게 된다는 순환 과정 속에서 급속히 보급되었다. 마치 1920년대 미국에서 T형 포드라는 단일 모델의 자동차가 시장을 확대하는 과정과 흡사했다. 세계적으로는 이미 다양한 유형의 제품군이 늘어선 '풀 라인'으로 바뀌어 있었지만, 1960년경의 일본은 40년 정도 뒤처져 내구소비재의 단품 대량 생산 시대에 들어섰던 것이다. '이웃과 같은 소비'라는 표현의 배경에는 내구소비재가 빠르게 가정에 보급되었다는 것뿐만 아니라 거의 같은 제품이었다는 사실이 있다.

이러한 내구소비재의 보급 확대로 기계 공업이 한층 성장하고 경제 발전을 주도하게 되면서 계속 증대하는 가계의 소득에 맞추어 제품의 다양화(즉, 풀라인화)가 진전되어 더 한층 풍요로운 사회로 나아가게 된다. 고성장은 대중 소

5) '3종의 신기'는 원래 일본의 건국 신화에 나오는 거울(鏡), 검(劍), 구슬(玉)을 의미하는데, 일반적으로 세 가지 요인 · 요소를 표현할 때 광범위하게 사용된다. 따라서 1950년대에 광범하게 보급된 세 가지 내구소비재(텔레비전, 냉장고, 세탁기)를 뜻하는 말로도 이 용어가 이용되었다. 그리고 1960년대에 보급된 세 가지 내구소비재를 가리키는 용어로는, 그것과 구별하기 위해 3C(car, color-TV, cooler)가 이용되었다.

그림 2-1 고성장의 메커니즘

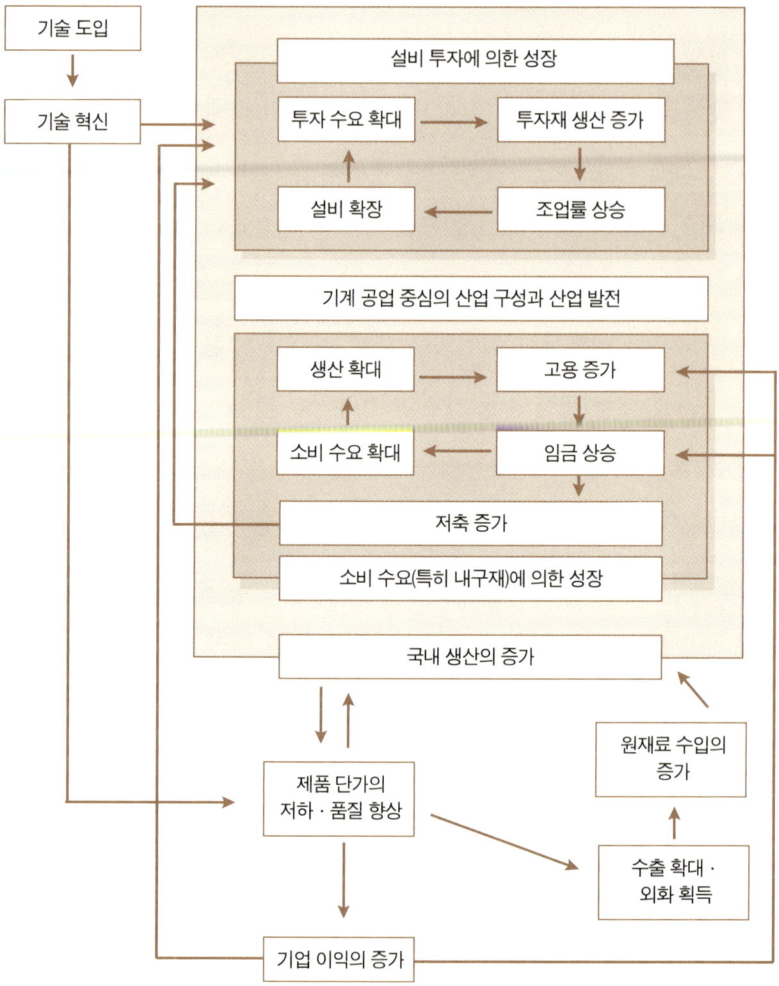

출처: 필자 작성.

비 사회를 만들어 내는 한편 대중 소비 사회화는 고성장을 지속시키는 원동력이 되었던 것이다.

이처럼 설비 투자를 중심으로 한 경제 성장이 전개되는 가운데 고도성장기에는 조금 뒤처져 소비 수요, 특히 내구소비재의 소비 수요 증대를 바탕으로 또 한 가지 추진력이 생겨난다. 그것은 산업 성장 과정에서 생산 확대로 고용 증가와 임금 상승이 이루어졌기 때문이다. 그리고 이러한 국내의 선순환 구조 속에서 적극적인 설비 투자는 단순한 생산 확대만이 아니라 외국에서의 기술 도입에 의한 기술 혁신에 바탕을 둔 생산성 상승, 다시 말하면 생산 비용의 저하와 품질 향상을 수반한 생산 확대에 의해 국제 경쟁력을 향상시킨다. 그 결과 수출이 확대되고 외화가 획득되어 국제 수지의 천장이 천천히 위로 들어 올려지게 된다. 그것이 또 국내 생산의 확대를 촉진하게 되어 고성장이 지속되었다고 생각된다(〈그림 2-1〉).

3 대중 소비 사회로

한정된 정부의 역할

대중 소비 사회가 형성되는 과정에서 생활의 풍요로움을 만들어 내고 연출해 가는 데 중요한 역할을 담당한 것은 고용 기회를 제공한 기업과 가계를 담당한 '주부'였다. 그에 비하면 정부가 수행한 역할은 그다지 크지 않았다.

경제 발전의 목표였던 '실업의 공포'로부터의 해방(즉, 완전고용)을 실현할 수단으로서의 사회복지, 사회보장 등 생존권을 보장할 수 있는 구조를 정부가 적극적으로 만들어 갔다고는 할 수 없다. 물론 건강보험과 실업보험 등의 제도 정비는 진척되었지만, 유럽형의 복지 국가와 비교하면 제도 정비는 크게 뒤처진 상태에 머물렀다. 경제 성장이 지속되어 이러한 미비한 제도 정비가 가려졌다. 그리고 미비한 제도 부분은 인적 연계와 공동 부조로 보완했다. 이 점에 관해서는 뒤에서 다시 언급하기로 한다.

어쨌든 고성장 시대에 정부는 앞서 말한 고성장 지향의 경제 계획 하에서 성장에 지장을 초래할 수 있는 사회간접자본의 부족을 보충하기 위한 공공사업 투자를 실시하고 도로 · 항만 · 철도 수송, 공업 용지, 공업용수 등을 정비하는 역할을 수행했다. 그 재원은 고성장으로 자연스럽게 더 징수되는 세금으로 충당했기 때문에, 보수 정치의 골격은 이러한 공공사업 투자의 우선순위를 둘러싸고 서로 경쟁하는 '족의원'(族議員)[6)]으로 형성되었다. 즉, 이것도 성장에 편승해 생겨난 구조였던 것이다.

나아가 정부는 유치(幼稚)산업의 육성과 보호, 쇠퇴 산업에 대한 원조 등의 산업 정책도 실시하였다. 컴퓨터 산업 육성 등은 대표적인 예이다. 또한, 섬유 · 석탄 산업이 경쟁력을 잃어 가는 과정에서 발생한 구조적인 실업에 대해 고용 대책과 지역 진흥 대책이 실시되었다. 이러한 대책은 변화가 심한 고성장 시대의 일본 사회에서 생겨나는 다양한 마찰을 최소화했다. 유치산업의 육성

6) 일본의 특정 부처의 정책 결정권을 장악하고 업계 단체와 이익 단체의 보호를 위해 영향력을 행사하는 국회의원을 일컫는 말. 대표적으로 대장족(재무성), 상공족(경제산업성), 건설 · 도로족(국토교통성), 농수족(농림수산성), 우정족(총무성) 등이 있다.

으로 생겨나는 새로운 일자리로 근로자가 이동했는데, 이는 정부가 큰 부담을 지지 않으면서 '완전고용'이라는 목표에 근접할 수 있도록 도와주었다. 또 쇠퇴 산업에서는 서서히 철수할 수 있었는데, 그 비용도 성장의 성과에서 조달되었다. 그만큼 재정적인 여유가 있었던 셈이다. 그것이 현재 일본의 상황과는 크게 다른 점이다.

충분치 못한 사회보장 정책, 환경 문제 해결에 대한 소극적인 자세 등을 보면, 고성장 시대에 정부는 어떤 의미에서도 복지 국가를 지향하지 않았으며 그에 대한 구상도 가지고 있지 않았다고 할 수 있다. 그 대신에 사회적 안정에 중요한 역할을 담당한 주체는 기업이었다.

고용 기회를 제공한 기업

그것은 무엇보다도 경제 성장으로 기업이 큰 고용 기회를 제공했기 때문이다. 고용 기회의 증가로 농촌에서의 사회 이동을 포함해 많은 사람들이 기업 사회 속으로 편입되고 '맹렬 사원'이 탄생했다. 기업에 고용됨으로써 처음으로 그 사람의 사회적 역할과 의미를 부여받게 되었다(武田晴人「企業社會」『變わる社會, 變わる人びと』岩波書店, 2012).

고용 기회는 경제의 중층적 구조를 반영해, 기업 규모 등을 기준으로 할 때 대기업일수록 조건이 양호하고 사회적으로도 높은 평가를 얻을 수 있었다. 그런데 이러한 기업 사회의 계층성은, 각 개인에게는 계층 차를 뚫고 상승할 수 있는 구조였다. 기업이 모든 것을 보장한 것은 아니지만, 대기업에 입사하고 정사원이 된다는 꿈이 공동 목표로 추구되었고, 부모에서 자녀로 세대가 이동하면서 그 꿈이 확실히 실현되어 갔다. 자녀들에게 교육 기회를 제공함으로써 좀 더 나은 고용이 보장되는 계층으로 이동할 것이 기대되었던 것이다. 그런 기회를 제공할 수 있게 된 것도 임금이 서서히 증가해 가계에 여유가 생겼기 때문이었다.

물론 경제 성장에 따른 고용 기회의 증대가 곧바로 임금 증가로 이어지는 것은 아니다. 그렇게 된 데에는 경영자와 협력하면서 생산성 개선에 노력하는 종업원들이 조직한 노동조합이라는 존재가 필요했다. 노동조합은 조합원의 고용 보장과 노동 조건 개선에서 중요한 역할을 하고 있었다. 성장의 성과가 적정 수준에서 노동에 확실히 배분된 것은 협조적인 노동조합이 노동자의 이익을 대표한 요구를 계속했기 때문이다. 물론 거기에는 조합원에만 관심이 집중된다는 의미에서 한계가 있었다. 그런데 자녀가 대기업의 정사원이 되는 꿈을 꿀 수 있고, 실제로 세대를 넘어서면 사회적 귀속 계층을 상층으로 옮겨 갈 수 있다는 높은 사회 유동성이 이러한 노동조합 활동의 비좁은 시야가 지닌 문제점을 감추어 버렸다.

고용 보장에 강한 관심을 지닌 기업별 노동조합은 고성장을 계속하는 기업에 적합한 존재였다. '해고를 하지 않는다'는 약속은 노동자들이 업무 내용에 관여하지 않는다는 것을 조건으로 하고 있었다. 특정 직종에 따라 노동자가 조직되는 것이 아니라 기업 단위로, 실제로는 사업소 단위로 노동자가 조직되어 작업 내용의 변화에 유연하게 대응하는 것이 요구되었다. 극심한 기술 혁신이 진전되어 생산 현장이 격변하는 가운데, 기업은 이러한 노동자들을 기업내 이동이나 배치전환을 시킴으로써 좀 더 효율적인 생산 현장을 만들어 낼 수 있었다.

전업주부의 시대

다른 한편에서 풍요로운 생활로 전환되어 가던 가계 · 가정의 변화의 중심에 있던 것이 주부이다. 고성장기에는 '전업주부'라는 말이 생겨났는데, 그것은 한 가족의 생계를 유지하는 데 돈 버는 이가 여럿 필요했던 가난한 시대와의 결별이라는 적극적 의미를 지니고 있었다. 반면에 일본의 기업 사회는 여성에게 충분한 고용 기회를 제공하지 않았다는 문제를 내포하고 있었다. 젊은 여성을 저임금으로 고용해 어차피 '결혼 후 퇴사'하는 것을 상정하고 여성에게 능력을 발휘할 기회를 주지 않은 것이다. 철저한 남성 우위의 사회 구성이었다. 그러한 배경 하에서 여성의 사회적 진출을 가로막는 '통념'으로써 '전업주부'라는 '바람직한 여성상'이 형성되어 갔다.

여성의 사회적 진출을 가로막은 이 특징은, 관점을 달리하면 고성장기 일본 사회에서 발생한 역동적인 변화의 기반을 제공한 측면이 있다. 이러한 사회적 통념 때문에 본래 능력으로 보면 다양한 장에서 사회적 공헌을 할 수 있던 여성들이 대량으로 노동력 시장으로부터 퇴장하였다. 그럼으로써 그만큼 노동력 공급이 줄어들게 되어 그만큼 생산성을 높여야 했다. '노동력 부족'을 극복하기 위해 생산성 향상 노력에 박차가 가해진 것이야말로 고성장을 지속시키는 요인의 하나였다.

그 생산성 상승의 성과도 임금으로 분배되었다. 그래서 남자들의 일에 대한 보수가 가족을 부양하는 데 충분한 수준으로 개선되었다. 즉, 전업주부가 성립하는 데는 한 사람이 벌어 '가계를 충당하는 데 충분한 소득'을 필요로 했다. 그 때문에 돈 버는 남자들은 그만큼 소득을 보장해 주는 기업에 대한 귀속 의식이 높아지게 되었다. 회사인간은 전업주부와 동전의 앞뒷면 관계에 있었던 것이다.

전업주부가 가져온 변화의 기반으로써 더 중요한 것은 전업주부의 존재가 '가족'이라는 사회의 기본 단위를 철저히 해체하는 일 없이 온존시킨 것이다. 국민경제계산 등 경제 성장을 측정하는 통계에서 가계 노동은 임금이 지불되는 노동이 아니라는 이유로 계산에서 제외된다. 그 때문에 가사 노동은 '섀도 워크'(shadow work)라고 불린다. 본래라면 부모의 병 수발 등은 사회적 공공 부조와 공적 부조로 이루어져야 할 '일'이지만 섀도 워크에 떠맡겨진다. 정부가 아무것도 하지 않는 반면, 주부가 사회적으로 필요한 그런 일을 담당한다. 일본 '복지 사회'의 현실에는 그러한 지주가 필요했다. 그만큼 정부의 재정 부담은 경감되었다. 사회적으로 필요하기에 서구형 복지 국가라면 세금으로 할 일을 주부들이 무상으로 떠맡았기 때문이다.

아직 평균수명이 그렇게 길지 않아 부모의 병 수발 기간이 장기화될 현실성이 작았던 시대였기에 이상과 같은 구조가 가능했던 측면도 있다. 그러한 상황이었기 때문에 주부의 관심은 자녀 양육에 집중되어 앞서 지적했던 것처럼 유동성이 높은 사회 상황에서 바람직한 미래상을 자녀 세대에게 제공할 수 있는 가능성을 넓혀 갔던 것이다. 그것을 위한 비용, 즉 교육 투자비를 염출하는 방법은 주부의 중요한 과제였다.

소비의 프로인 주부

전업주부의 역할 가운데 더 중요한 것은 가계의 재량권을 지닌 주부가 소비 생활 개선과 관련해 수행한 일이다. 주부가 경제사회에서 소비자 기능을 담당하는 존재라는 데 의문을 품는 사람은 없을 것이다. 소비의 프로인 주부가 날마다 하는 선택은 기업의 제품 개발에 막강한 영향을 끼쳤고, 물가 상승에 섬세하게 반응하면서 이의를 제기하여 성장 정책에 따른 인플레이션을 제어하는 기능을 계속해 온 것도 중요하다. 주걱과 앞치마를 상징으로 하면서, 상품의 부당 표시에 항의하고 물가 문제, 환경오염 문제 등을 제기하는 소비자 운동의 선두에서 활동한 주부련(주부연합회)은 사회에 이의 제기를 하는 주부 운동 집단의 대표적인 존재로서 주부들 나름대로 사회에 참가하는 방식이었다.

그에 비해 간과되기 쉬운 점이 섀도 워크의 생산적인 측면이다. 고도성장 초기에는 재봉기와 편물기 등이 가정에 도입되어 단초적으로 소비의 개성적인 모습을 나타냈다. 부녀자용 잡지에는 양복, 특히 아동복 견본(型紙)이 대량으로 부록에 포함되었다. 옷감을 사서 견본에 맞추어 재단하고 양재로 마무리하는 것이 주부의 역할이었다.

그러한 식으로 주부들이 가정생활을 개선하려는 의지는 이 시기에 갑자기 나타난 것이 아니었다. 제1차 세계대전기 이후에 도시화가 진전되고 샐러리맨이 사회 계층으로 등장하게 될 무렵에 생활 개선 운동이 전개되고, 부녀자용 잡지의 창간이 연이어지면서 좀 더 합리적이고 근대적인 생활 스타일로 가정생활을 바꾸어 가는 것이 바람직스러운 모습이라고 인식되었다. 그러나 그와 같은 생활 혁신을 실현할 수 있었던 사람들은 한정되어 있었고 대다수 사람들에게 도달할 수 있는 목표가 되지는 못했다. 금전적이나 시간적인 여유가 없었기 때문이다. 대중 소비 사회는 머나먼 저편 세계에 있어 그 모습을 구체적으로 그릴 수는 없었다.

재봉 노동은 시간과 노력이 요구되는 가사 노동이었다. 그러한 노동에 시간을 쓸 수 있게 된 것은 고도성장기에 가전제품이 보급되었기 때문이다. '센타쿠'(洗多苦)[7]라고 하던 손빨래는 장시간 노동이 필요했으나, 세탁기는 그 노동을 크게 줄였다. 냉장고의 출현으로 장보기 패턴이 변화하고 식재료의 저장이 가능해져서 식탁의 메뉴가 풍성해졌다. 가사 노동이 전기밥솥, 청소기 등을 포함한 내구소비재의 보급에 의해 크게 경감되었던 것이다. 그 경감된 시간을 주부들은 생활의 여유, 생활의 풍요로움을 연출하는 데 쓰게 되었다. 그중 하나가 재봉과 편물이었다.

지금은 그러한 다양한 생활용품을 시장에서 구입할 수 있게 되었다. 여러 가지 디자인의 기성복이 팔리고 있다. 식품에서도 냉동식품, 조리된 채소 등이 넘쳐나고 있다. 그러한 다채로운 소비 생활에 도달하기 위한 변화의 기점은 전업주부들의 가사 노동 속에서 발생했다. 원래 잠재적으로는 능력이 뛰어난 사람들이 사회적인 통념에 구속되어 사회 진출의 기회를 박탈당하고 있었으므로, 주부들이 가사를 효율적으로 처리하려 할 때 창조적인 혁신이 잇달아 일어나 반영되면서 새로운 소비재 시장이 발견되었다고 해도 그다지 놀랄 일은 아니다. 소비자로서뿐만 아니라 소비 속에 묻혀 있는 생산적인 활동을 통해서 주부들은 새로운 시대를 개척하는 존재이자 이노베이터(생활 혁신 추진자)로 기능

7) 일본어 발음으로 센타쿠는 세탁(洗濯)과 같다.

했던 것이다.

각자의 장에서 여러 가지 혁신이 집적되던 그러한 과정이 고성장 경제의 기반에 있었다. 그리고 그와 같은 역사를 되돌아볼 때, 생활의 풍요로움과 생활의 질 개선이 경제 성장이라는 지표로는 포착되지 않는(즉, 계산되지 않는) 가사 노동 속에서 발생하고 있었다는 점의 의미를 다시 생각해 볼 필요가 있다. 생활을 풍요롭게 하고 좀 더 인간적인 나날들을 보내는 것과 경제성장률이라는 지표가 전혀 관계가 없지는 않다. 그러나 양자를 동일시하여 성장을 계속 추구하는 것은 본래 나아가야 할 방향과는 다른 목표로 돌진할 위험성이 있다.

4 고성장의 종언

'설비 투자'라는 엔진의 약화

고성장이 지속된 이유의 하나로 해외 자원이 안정적인 가격으로 풍부하게 공급되었다는 점은 이 장의 첫부분에서 언급한 바 있다. 그 예가 원유 가격이다. 1950년대에서 1970년대 초반까지는 수에즈 동란(제2차 중동전쟁) 때문에 1957년 전후 일시적으로 급등하였다가 경향적(傾向的)으로 하락했다. 그리하여 선진국 전체가 1950년대 후반부터 1960년대 종반까지 원유 가격의 완만한 하락에 의해 혜택을 입었는데, 일본은 원유 수입 가운데 특히 중동에 의존하는 비중이 컸기 때문에 더욱 큰 도움이 되었다. 그것은 대형 유조선의 건조 등 일본 조선업의 혁신적인 기술에 의해 수송 비용이 저하되었기 때문이기도 했다.

그런데 이러한 조건을 1970년대에는 급속히 상실해 갔다. 석유 위기의 영향 때문이다. 선진국은 모두 큰 폭의 성장률 하락과 물가 상승에 직면했다. 두 번에 걸친 석유 가격의 상승은 전반적인 물가 상승을 초래했을 뿐만 아니라 산업에 따라 서로 다른 영향을 끼쳤다. 그리고 그 점이 그 후의 일본 경제를 생각하는 데 중요했다.

미시적으로 보면 석유 위기 하에서 에너지 원단위(原單位)의 저하 등 에너지와 자원을 절약하여 제조 비용을 저하시켰다. 그 과정에서 일본 기업은 빠르게 국제 경쟁력을 회복했다. 그동안 단기적으로는 일시적으로 귀향과 계열사 파견(出向) 등에 의해 고용 조정이 단행되고 사외공 계약의 해제와 임시공의 해고 등이 실시되었다. 그 과정에서 고용 조정과 고용 보장의 양립이 대기업에서 노사 쌍방의 과제로 다시금 인식되었다. 본격적인 의미에서 이 시기에 일본 대기업의 장기 고용 보장이 제도적으로 정착되고, 그 후의 노사 관계에 큰 영향을 끼치게 되었다(佐口和郎「高度成長期以降の雇用保障」武田晴人 編『日本産業發展のダイナミズム』東京大學出版會, 1995).

그러나 이와 같은 대응만으로는 산업에 따라 한계가 있는 경우도 있었다. 알루미늄 정련을 비롯한 에너지 다소비형 산업 부문의 쇠퇴가 뚜렷해졌다. 그리하여 일본 산업 구조는 큰 전환기를 맞이하게 되었다. 성장을 주도하던 기계 공업은 자동차 등을 중심으로 수출 시장의 확대가 계속되었다. 가전 산업에서는 수요가 거의 포화 상태에 이르자 빈번한 모델 변경과 기능의 향상으로 소비자의 구매 의욕을 불러일으키는 데 주력했다. 이들 기계 공업에는 아직 성장력이 남아 있었는데, 자동차, 반도체, 공작기계 등에서 미국과의 무역 마찰이 심각해졌다. 다른 한편으로 소재 산업에서는 성장의 둔화가 뚜렷해져, 대규모 설비 투자가 계속되던 철강과 석유화학 등 장치 산업 분야의 투자 수요는 대폭 감소했다. 두 개의 엔진 가운데 설비 투자라는 엔진이 약화되었던 것이다.

산업 구조의 변화가 고성장 종언의 진정한 이유

물론 자동차와 가전 등의 내구소비재 생산에 의해 기계 공업은 성장력을 유지하고 있었다. 산업 구조의 기계 공업화는 한층 더 진전되었다(〈그림 2-2〉). 그러나 그 분야에서도 새로운 전개가 필요해졌다. 생활 수준의 향상과 함께 사람들은 단지 주위 사람들과 같은 소비에 만족하지 않고 개성적으로 각각의 선택에 맞는 소비를 원하게 되었다. 그에 따라 자동차의 생산 차종 수는 급속히 증가했다. 그리고 그러한 내구소비재의 생산 수준을 유지하기 위해서는 신규 수요뿐만 아니라 갱신 · 대체 수요를 환기시키기 위한 신제품의 개발이 필요해졌다. 그러한 다양한 제품의 생산은, 약간 도식적으로 말하자면, 그때까지의 대량 생산 방식에서 작동하고 있던 규모의 경제성 효과를 감쇄시켰다. 다양한 소비자의 요구에 대응하기 위해서 그때까지보다 작은 단위로 생산해야 했기 때문이다. 그리하여 순조롭게 보이던 성장의 엔진 그 자체가 효율성이라는 관점에서 제약을 받게 되었다.

이러한 제조업 제품에 대한 수요뿐만 아니라 소비자들의 구매력은 광범위한 대인 서비스 등으로 향하게 되었다. 그런데 금융 서비스와 대형 상업 시설 등을 제외하면 일반적으로 서비스 부문의 생산성은 제조업만큼 높지 않다. 그

그림 2-2 제조업 출하액 구성의 추이

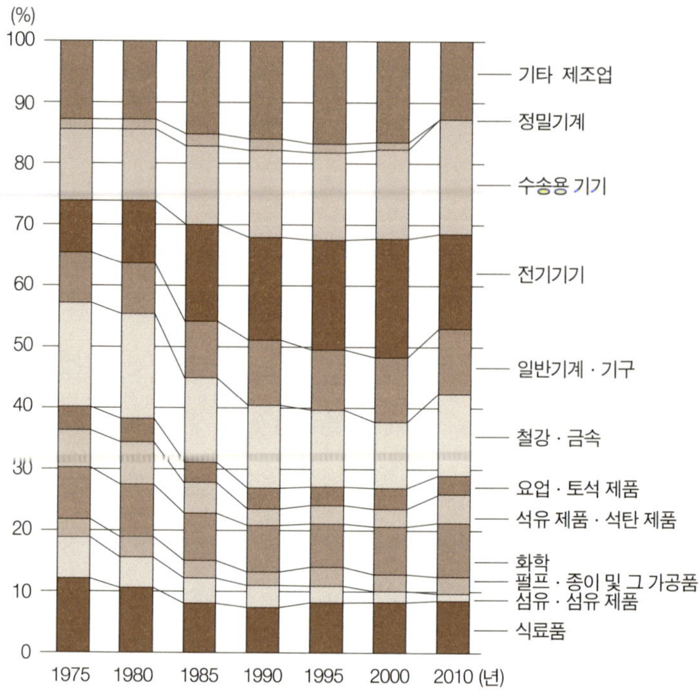

출처: 經濟産業省『工業統計表』에서 작성.

점은 〈표 2-2〉를 보면 잘 알 수 있다. 취업자 1인당 생산액은 제조업에 비해 상업 서비스 등의 부문이 적다. 그 부문들이 경제 구조 가운데 차지하는 비중을 높여 가면 필연적으로 경제 전체의 생산성 상승률이 작아진다. 서비스 산업화라 불리는 현상이다. 그 점에 대해서는 뒤에서 자세하게 살펴볼 것인데, 그러한 변화는 1970년대 초반 일본 경제의 미래상으로서 '지식집약형 산업'이 제창되던 때에 예측되었다. 그것이 실제로 현실화됨에 따라 일본 경제의 잠재 성장률

표 2-2 취업자 1인당 순국내생산액(A)과 산업별 취업자 비율(B)의 추이

(단위: 천 엔(A), %(B))

	1950년		1960년		1970년		1980년		1990년	
	A	B	A	B	A	B	A	B	A	B
제1차 산업	51	49	132	33	435	19	1,439	11	3,440	7
제2차 산업	137	22	363	29	1,229	34	4,893	34	7,876	33
제조업	147	16	391	22	1,270	26	5,141	24	8,012	24
건설업	89	4	260	6	1,067	8	4,129	10	7,430	9
제3차 산업	132	30	372	38	1,250	47	4,869	55	7,689	59
전기·가스·수도·운수·통신	138	5	482	6	1,292	7	6,053	7	10,750	7
상업·금융 서비스	131	25	354	33	1,242	40	4,701	48	7,310	53
합계	94	100	294	100	1,084	100	4,491	100	7,341	100

출처: 東洋經濟新報社『經濟統計年鑑』에서 작성.

은 크게 하락하였는데, 그것이 1980년대 이후에 경제성장률이 크게 하락한 기본적인 이유이다. 그것은 석유 가격의 상승이라는 일시적인 쇼크의 후유증에 의해 발생한 것이 아니라, 경제사회가 성숙해지면서 필연적으로 나타나는 구조적인 변화였다. 그리하여 '역사적 발흥기'였던 고성장 시대는 역사의 한 페이지 속으로 사라지게 되었다.

제3장

경제 성장의 가능성을 생각한다(1)
–변화하는 에너지 상황과 자원의 제약

제3장

경제 성장의 가능성을 생각한다(1) –변화하는 에너지 상황과 자원의 제약

1980년대에 안정 성장으로 이행한 일본 경제는 1990년 전후의 버블과 그 붕괴를 거쳐 장기의 불황 · 정체에 빠져 있다고 한다. 선진국 일본이 지금 이상으로 경제 성장을 추구하는 것 자체가 무리한 일이라고 여겨지는데, 그것을 명확히 하기 위해 이하에서는 현재의 일본 경제가 안고 있는 '문제점'에 대해 생각해 보기로 한다. 우선 에너지를 중심으로 한 자원 공급의 한계에 대해 알아보자.

1 붕괴된 '3위일체'

원자력 발전소 사고가 던져 준 과제

2014년 봄에 정부는 원자력 발전소를 재가동하면서, 원자력을 기본 전력원으로 하여 에너지 공급을 확보하는 방향으로 회귀를 추진하려 하고 있다. 후쿠

시마 원자력 발전소의 심각한 사고를 경험하고도, 또한 당시의 경험을 검증해 향후 구체적인 정책에 어떻게 반영하고 그 기술적 기반을 어떻게 정비할 것인가에 대해 준비가 되어 있지 않은데도, 이와 같은 방침이 나온 것은 어처구니가 없다고밖에 할 수 없다.

3 · 11(동일본 대지진) 이전에는 원자력 발전소의 확장이 '유력한 선택지'라는 에너지 공급측 논리가 그럴듯하게 들렸다. 경제 성장과 에너지 안정 공급, 그리고 지구 온난화 문제에 대한 공헌을 '3위일체'로 실현할 수단으로 원자력 발전을 확장한다는 것이 기본적인 논리였다. 그러나 자원 에너지 정책의 이 같은 기본 골격은 이미 과거의 것으로 수정되어야 한다.

물론 이 수정에는 커다란 장벽이 존재하고 있다. 그것은 지구 온난화 문제이다. 1997년 교토의정서에 따라, 온실 효과가 있는 이산화탄소의 배출 감축 노력이 이루어지고 있기는 했지만, 3 · 11 이전에도 그 목표 달성이 곤란할 것으로 예상되고 있었다. 〈표 3-1〉에 나타나고 있는 것처럼, 일본의 이산화탄소 배출량은 총량이나 1인당 모두 감소하고 있지 않다. 배출량이 많은 러시아와 EU가 총량, 1인당, GDP당 모두 감축되었고 미국도 총량은 차치하고서라도 다른 지표로는 감축되고 있는 데 비해, 일본의 실적은 변변치 않다. 불황을 이유로 대응이 미뤄지고 있다는 인상이 강하나, 자신이 주도해서 만든 국제 조약을 준수하지 않는 나라가 되어 버렸다. 그러한 국가가 다른 나라의 신뢰를 얻을 수 있을까?

그리고 원전 사고 때문에 보충 전원으로 이산화탄소 배출량이 많은 석탄 화력 등을 사용했기 때문에, 감축을 위한 노력은 더욱 후퇴하여 지구 환경에 부

표 3-1 주요국의 CO_2 배출량

	총배출량		감축률	1인당		GDP당	
	100만 톤 CO_2		%	톤 CO_2		kg CO_2	
	1990년	2010년		1990년	2010년	1990년	2010년
중국	2,244	7,259	223.4	1.97	5.40	3.59	1.79
미국	4,869	5,369	10.3	19.46	17.31	0.61	0.41
EU 27개국	4,050	3,660	-9.6	8.56	7.29	0.40	0.25
인도	582	1,626	179.2	0.69	1.39	1.66	1.30
러시아	2,179	1,581	-27.4	14.69	11.16	2.58	1.75
일본	1,064	1,143	7.4	8.61	8.97	0.28	0.25
세계 합계	20,974	30,276	44.4	3.98	4.44	0.70	0.59
OECD	11,157	12,440	11.5	10.49	10.10	0.45	0.33
비OECD	9,199	16,737	81.9	2.19	2.99	1.69	1.24

출처: 矢野恒太記念會『日本國勢圖會』2013, 485쪽에서 작성.

담을 증대시키는 위험을 수반하고 있다. 지구 환경 문제에 대처하기 위해서는 전원 구성을 환경 부담이 적은 것으로 변화시킬 필요가 있는데, 이를 위해 다시금 원자력 발전으로 회귀하는 정책을 선택하려 하고 있는 것이다.

문제는 이 선택이 지구 환경을 우선시했기 때문이 아니라고 추측되기 때문이다. 지구 환경에 대한 부하를 고려하여, 부하가 작은 원자력을 과도적으로 사용하면서 재생 가능한 에너지로 중점을 전환하는 것이라면 그런대로 이해할 수 있는 선택이다. 그렇다 하더라도 원자력 발전에 수반되는 사고 위험과 폐기물 처리에 관련되는 중대하고도 장기간의 부담을 어떻게 해결할 것인가 하는 과제는 남아 있다.

원자력 발전소를 다시 가동시키려는 정부의 방침은 값싼 전력이라는 산업계의 요구에 대응하고 경제 성장을 우선에 두는 판단에 기반하고 있다. 성장 전략의 성패가 정권 유지의 관건이 되고 있기 때문이다. 원전 설비의 수출에 진력하고 있는 것도 원자력 발전소 재가동과 관계가 있을 것이다. 자국에서는 안전성을 고려하여 철폐하고 있는 것을 수출하려 한다면 판매에 영향이 있을 것이기 때문이다. 무엇보다도 그와 같은 수출 전략은 예전에 공해 수출이라고 비판받던 공장의 해외 이전을 연상시킨다. 수출 확대에 열심인 정부의 자세는 원자력 발전소뿐만 아니라 장기간 평화 국가로서의 일본의 위상을 유지하는 데 일조했던 무기 수출 3원칙을 대폭 완화시킨 데서도 잘 나타난다. 수출할 수 있다면 무엇이라도 좋다는 생각은 위험하고, 그와 같은 조치가 일본 국민의 이익이 될지도 의문이다. 이 수출로 가장 큰 혜택을 보는 것이 고도성장기의 주역이었던 중후장대(重厚長大)형 중공업 분야의 대기업이라는 점을 생각하면, 이러한 조치가 누구를 위한 것인가는 분명해진다.

기업보다도 가정이 전력을 더 사용하고 있다

정부의 의도를 파헤치는 것은 이 정도로 하지만, 어쨌든 이와 같은 원자력 발전소 재가동이라는 선택은, 해결할 문제를 장래로 미룸으로써 결과적으로는 좀 더 심각한 형태로 남겨질 뿐이라는 점은 분명하다. 이상을 염두에 두고 경제 성장의 가능성을 생각할 필요가 있다.

본격적인 검토에 앞서 중기적인 에너지 수급 상태를 확인해 보자. 일본의 1차 에너지 공급량은 1975년부터 2010년까지 〈표 3-2〉와 같이 추이하고 있다. 화석 에너지가 압도적인 비중을 차지하고 있는 가운데 석유 의존도가 급속히 하

표 3-2 1차 에너지 공급 추이

	1975년		1990년		2010년		2010/1990
	PJ	%	PJ	%	PJ	%	%
화석 에너지	14,150	92.3	16,938	83.9	19,100	82.6	12.8
석유	11,252	73.4	11,518	57.1	10,101	43.7	-12.3
석탄	2,514	16.4	3,361	16.7	4,997	21.6	48.7
천연가스	383	2.5	2,059	10.2	4,002	17.3	94.4
비화석 에너지	1,257	8.2	3,245	16.1	4,023	17.4	24.0
원자력	307	2.0	1,887	9.3	2,495	10.8	32.2
사업용 수력 발전	812	5.3	833	4.1	712	3.1	-14.5
재생 가능·미활용 에너지	138	0.9	524	2.6	816	3.5	55.7
자연 에너지			53	0.3	172	0.7	224.5
지열 에너지			16	0.1	23	0.1	43.8
미활용 에너지			454	2.2	621	2.7	36.8
1차 에너지 총공급	15,330	100.0	20,183	100.0	23,123	100.0	14.6
수입	13,469	87.9	16,637	82.4	18,920	81.8	13.7
국내 산출	1,862	12.1	3,546	17.6	4,202	18.2	18.5

주: 단위의 PJ(페타 줄)는 10^{15}J.
출처: 資源エネルギー廳『エネルギー白書』에서 작성.

락하고 있는 점을 알 수 있다. 화석 에너지 중에서는 천연가스가 석유를 대신하고 있고, 안정 공급이라는 관점에서 추진된 대형 석탄 화력 발전소의 건설로 석탄의 비율도 증대하고 있다. 이산화탄소 배출이라는 점에서는 천연가스의 증가는 감축 요인, 석탄의 증가는 증가 요인이다. 비화석 에너지 비율은 상승하고 있으나 그 속도는 1990년대 들어 둔화되고 있다. 그 가운데 원자력의 비율은 2%에서 10.8%로 크게 상승하였다. 경수로를 중심으로 1980년대에 원자력 발전이 상업 운전을 본격화한 것이 그 이유이다. 다만 체르노빌과 스리마일 등 해외 원전 사고의 영향으로 신규 입지 선정이 어려워져 원자력의 신장률도 둔화되고 있다. 한편, 재생 가능 에너지 이용은 거의 진전되지 않고 있다고 할 수 있다. 원자력에 대한 기대가 정책 중심이 되어, 재생 가능 에너지의 개발에 정책적 지원이 충분하지 못한 것도 그와 같은 현상에 영향을 끼쳤다. 재생 가능 에너지의 공급 체제가 충분하지 않은 것은 그 개발에 열심이지 않았기 때문으로 스스로 초래한 결과이다. 그러한 가운데 원자력 발전에 대한 의존이 커졌던 것이다. 여기서는 총에너지 공급 가운데 10%라는 원자력 발전의 비중을 확인해 두자.

그에 비해 〈표 3-3〉의 에너지 소비 동향을 보면, 그동안 소비 구조가 크게 변화한 것을 알 수 있다. 산업 부문의 비율이 크게 줄어들고 민생 부문의 비율이 늘어난 것이다. 자동차 등의 연료로 사용되는 운수 부문의 증가도 1990년부터는 비율을 늘리고 있으나 그 후로는 증가가 억제되고 있다. 이러한 변화는 석유 위기 이래 산업 부문에서의 에너지 절약 노력이 효과를 발휘하여 1975년과 2010년의 소비량이 거의 같은 수준에 머문 반면, 민생 부문에서는 에너지 절약이 진전되지 않았음을 의미한다. 경제 성장에는 값싸고 풍부한 전력이 필요하다는 주장으로 가장 혜택을 입은 것은 가정 부문이다. 이 부분의 증가가 억제되면 틀림없이 에너지 공급량은 그렇게 높은 수준을 목표로 설정할 필요가 없어질 것이다.

한편, 저렴한 에너지가 산업 기업에는 불가결하고, 전력 요금의 인상은 비용 증가로 이어진다는 주장이 있다. 그러나 이 정도로 에너지 절약이 진전됨으로써 이미 총비용에서 차지하는 전력비 등의 에너지 비용은 충분히 작다. 따라서 전력 요금의 인상이 비용 압박 요인이 되어서 일본 산업 기업의 경쟁력을 저

표 3-3 부문별 최종 에너지 소비 추이

	1975년		1990년		2010년		2010/1990
	PJ	%	PJ	%	PJ	%	%
산업 부문	6,498	61.8	6,993	50.3	6,572	43.9	-6.0
비제조업	718	6.8	806	5.8	426	2.8	-47.1
제조업	5,780	55.0	6,187	44.5	6,145	41.0	-0.7
민생 부문	2,075	19.7	3,679	26.5	4,972	33.2	35.1
가정용	1,071	10.2	1,655	12.0	2,154	14.4	29.4
업무용	1,004	9.5	2,024	14.6	2,818	18.8	39.2
운수 부문	1,938	18.4	3,217	23.2	3,430	22.9	6.6
여객용	997	9.5	1,671	12.0	2,133	14.2	27.6
화물용	941	8.9	1,547	11.1	1,297	8.7	-16.2
합계	10,510	100.0	13,889	100.0	14,974	100.0	7.8

출처: 〈표 3-2〉와 같음.

해한다는 주장은 그다지 설득력이 없다. 원래 원자력이 저렴하다는 주장도 타당하지 않은데, 특히 폐로 비용 등을 포함한 전체 비용이 계산되지 않은 전원별 원가 비교는 원전 추진을 기정사실화해 놓고 난 다음의 작문에 불과하다는 사실이 명백히 드러나고 있다. 따라서 산업 기업의 저렴한 전력 요구를 충족시킨다는 것과 원자력 발전의 재가동은 논리적으로 정합적이지 않다.

어쨌든 여기서 중기적인 에너지 수급 구조를 보면, 먼저 공급 구조 면에서 이산화탄소 배출량이 많은 화석 연료에 대한 의존을 줄일 필요가 있다는 점, 그리고 소비 구조 면에서 가정 부문을 중심으로 민생 부문의 소비를 억제하고 절약을 도모할 필요가 있다는 점을 확인할 수 있다.

2 '과잉 소비'와 전력 요금

정부의 악질적인 위협

2014년 봄에 정부는 원자력을 "뛰어난 공급 안정성과 효율성을 지니고 있고 운전 비용도 저렴하며 변동도 작고 운전 시에는 온실 효과 가스의 배출도 없으므로 안정성의 확보를 대전제로 에너지 수급 구조의 안정성에 기여하는 중요한 베이스 로드(base load) 전원"으로 한다는 방침을 발표했다. "원자력 발전소 의존도는 에너지 절약 · 재생 가능 에너지의 도입과 화력 발전소의 효율화 등으로 가능한 한 낮춘다"고 하면서도 그 로드맵은 정하고 있지 않다.

전체 비용이 저렴하다고는 역시 쓰여 있지 않으나, "운전 비용이 저렴"하다고 싼 가격을 언급하고 있다. 그러나 그 저렴함은 연속 운전할 경우에 해당된다. 전력 소비량은 시시각각 변한다. 계절별 · 시간대별로 다르다. 그 진폭이 크기 때문에 발전량을 거기에 맞추는 것이 전력 회사로서는 큰 문제이다. 이를 해결하기 위해 상시 필요한 발전량을 확보하는 한편, 필요에 따라 온오프가 가능한 발전 설비로 변화하는 발전량을 조절하게 된다. 그 상시 필요한 발전량을 확보하는 전원을 베이스 로드 전원이라고 한다. 원자력 발전소는 재가동과 운전 정지를 반복하기 어렵고 손실도 크기 때문에 연속 운전이 바람직스럽다는 특성을 지닌다. 때문에 상시 운전이 필요한 베이스 로드 전원에 적합하다는 것은 확실하나, 베이스 로드로서 필요한 것은 아니다. 바꾸어 말하면, 베이스 로드로밖에 쓸 수 없는 전원인 것이다.

그것이 필요한지 아닌지는 각도를 바꾸어 생각해 보아야 한다. 저렴한 전원이라는 주장은 폐로와 폐기물의 처리 비용을 감안하면 이미 설득력이 없다. 따라서 당장 전면적으로 운전을 정지하는 것은 어렵더라도 가까운 장래 원자력 발전에 대한 의존도를 완전히 제로로 한다는 목표는 세울 수 있다. 더구나 이산화탄소 배출량 감축과 양립시킬 필요가 있다. 과제는 원자력 발전을 제로로 하는 것이므로, 전원 구성으로 보면 원자력 발전이 차지하는 10% 정도를 감축하는 것이 된다. 원자력 발전을 철폐하는 것과 전력 공급이 제로가 되는 것은 전혀 다른 문제이다. 원자력 발전을 하지 않으면 정전이 된다는 등 전력 공급이 두절되는 것처럼 이야기하는 것은 악질적인 위협이라고 할 수밖에 없다.

제약이 크기는 하지만 실현 가능성을 보여 준 것이 3 · 11 이후의 특징이라고 생각된다. 전기사업연합회가 공표하고 있는 자료에 의하면, 2012년에는 원자력 전원이 거의 제로에 가까운 수준으로 떨어졌다. 즉, 원자력이 없어도 심각한 공급 부족이 발생하지 않은 것이다. 그것을 보완한 것이 천연가스와 석유이다(〈그림 3-1〉). 다시 말하면, 석유의 증가는 온실 효과 가스의 증가 요인이 되기 때문에 그다지 바람직하지 않으나, 그렇다고 해서 원자력 발전소를 가동시키는 것이 공급량 확보에 반드시 필요하다는 이유가 되지 못한다는 점은 분명할 것이다. 또한, 증가하고 있는 발전용 석유의 비율은 앞의 〈표 3-2〉의 1차 에너지 공급 비율과 비교할 때, 매우 작게 되어 있다. 그 이유는 석유가 발전이 아닌 자동차 연료 등의 에너지원으로 사용되기 때문이다. 그리고 자동차의 에너지 소비는 하이브리드 차의 보급 등으로 매우 절감되는 추세에 있다. 더구나 현재 개발되고 있는 전기 자동차로의 이행이 진전되면 발전의 전원 구성만이 장래 에

그림 3-1 전원 구성의 추이

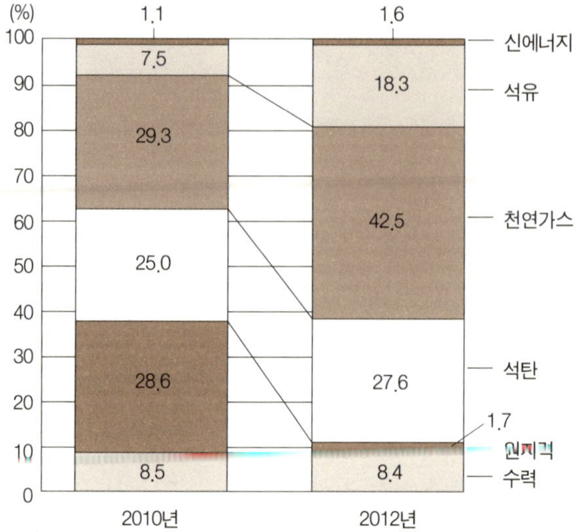

출처: 電氣事業連合會 자료에서 작성.

너지를 생각할 때 중요해진다.

전력 요금의 인상은 왜 필요한가?

그런데 원자력 발전이 제로라는 상태에서도 전력 공급의 부족이 발생하지 않았던 가장 큰 이유는 심각한 전력 부족이 도래하리라는 예측 하에서 수도권을 중심으로 전력 소비가 광범위하게 억제되었기 때문이다. 조명을 너무 밝게 하지 않는 등 작은 노력들이 모여서, 이제까지 별로 진전되지 않았던 가정용 전력 소비 절약도 생활에 큰 지장 없이 실시되었던 것을 우리들은 체험했다. 바꾸어 말하면, 이제까지의 전력의 '과잉 소비'를 깨닫게 되었던 것이다.

이러한 소비자 행동의 변화에서 향후 나아가야 할 방향에 대한 힌트가 있다. 즉, 가정용 전력 소비의 절약을 지속시키는 것이 핵심이다. 그것을 위해서는 LED 조명 등 효율 좋은 전기기구가 개발되어 보급되어야 할 뿐만 아니라 낭비를 없애는 소비자 행동을 지속시키는 것도 중요하다. 1973년 가을의 석유 위기 때 도심부의 네온이 사라지고 심야 TV 방송을 자숙했던 것을 기억하고 있는 사람들도 있을 텐데, 돌이켜보면 이러한 변화는 장기간 지속되지 않았다. 급한 불만 끄고 나면 쉽게 잊어버리는 식이 되었던 것이다. 이렇게 해서는 장래가 위험하니 전기를 소중하게 쓰는 소비자 의식을 지속시킬 필요가 있다. 이를 위해 우선은 전력 요금의 인상이 필요하리라고 생각된다.

전력 요금의 인상 이유로, 첫째 절전 효과를 지속시키는 데 가격에 의한 시그널이 유효하다는 것이다. 예전에 에너지 공급은 "풍부하고 저렴한 것"이 기본 조건이었다. 다만 이것은 산업용 에너지를 저렴하게 하는 데 목적이 있었다. 이로 인해 제2차 세계대전 후의 일본에서는 거액의 재정투융자가 전원 개발에 사용되었는데, 이미 '저렴'이 절대적인 조건은 아니게 되었다고 생각해야만 한다. 가계에 대한 부담이 증가한다고 하는 반대론이 금방이라도 나올 것 같은데, 가격을 인상하면 소비량이 절약되는 만큼 가계의 부담이 늘어나지 않으면서 일본의 에너지 소비량은 줄어들 것으로 기대된다. 그러나 전력 요금의 인상 폭은 가장 크게 하지 않으면 안 된다.

둘째, 인상에 의해 얻어지는 수입으로 원자력 발전소의 사용 후 처리 비용 등을 적립할 필요가 있기 때문이다. 장래 발생할 것이 확실한 폐로 처리 비용을 미리 준비해 놓는 것은 이제까지 저렴하게 전력을 사용하여 쾌적하게 생활한 사람들과 전력 회사의 비용을 낮게 함으로써 이익을 얻었던 주주, 저렴한 전력을 소비하고 있던 기업이 부담해야만 한다. 따라서 요금 인상은 소비 절약분에 폐로 비용 분담분을 더한 만큼이 된다. 약간 오래되었지만 2002년에 전기사업연합회가 시산한 결과에 의하면, 2045년까지 50기 정도의 원자력 발전소와 아오모리(青森) 현의 재처리 공장을 해체 · 철거하는 데 필요한 비용은 약 30조 엔이었다(아사히신문, 2002년 3월 31일 기사). 이를 기준으로 하면, 현재는 확실하게 적립금 부족일 것이다. 그리고 그 금액만으로 정말 괜찮은지도 사실은 의문스럽다.

적립금이 방치된 이유는 여러 가지이다. 전력 회사 임직원에 대한 너무 많은 급여와 보너스, 배당 등 주주와 종업원들이 지금까지 받았던 혜택은 만약 필요한 적립이 행해졌더라면 크게 줄어들었을 것으로 보인다. 그 가능성이 있는 한, 이제까지 받았던 혜택을 반환하지 않으면 안 된다. 그리고 원칙대로라면 대폭적인 감자를 통해 주주의 책임도 물어야 할 것이다. 손해에 대한 준비와 장래의 폐로 비용에 대한 준비금의 적립 부족은 과잉 배당, 높은 상여금 등으로 유출되었을 가능성이 높고, 그 때문에 주주에게 청구서가 날아가게 되는 것이다. 충분한 적립이 이루어질 때까지 배당 등의 이익 배분은 정지하거나, 정지하는 것이 무리라면 시장 금리 정도의 제로에 가까운 금리 수준으로 해야 한다. 저렴한 전력과 안정된 업적에 의해 이익을 얻고 있던 이해관계자(stakeholder)는 소비자를 포함하여 모두 책임을 져야 한다. 이러한 조치를 취함으로써 책임의 소재가 명확하게 된다. 그런데 이상하게도 주주에 의한 기업 통치가 강조되고 있음에도 불구하고 전력 회사의 현상에 대해 투자가의 책임을 묻는 목소리는 그다지 크지 않다. 종업원의 급여와 복리 시설 등이 주로 비판의 과녁이 되고 있는데 비해 투자가들의 책임이 거론되지 않는 것은 이상한 일이다. 따라서 철저하게 투자가의 책임이 규명되어야 한다. 동시에 경영자와 종업원, 그리고 전력을 소비해 온 가계와 기업도 부담을 져야만 한다.

어쨌든 목표는 원자력 발전의 사후 처리를 확실하게 하고 향후 원자력 발전에 의존하지 않는 에너지 공급 구조로 이행하는 것이다. 이를 위해서는 전력 요금을 인상하여 가계에서의 전력 소비를 억제할 필요가 있다. 이것이 미래를 위한 길이다.

외상값은 모두가 갚아야

부연하자면, 원자력 발전소의 재가동이 큰 이슈가 되고 있는데, 그것보다 우선해야 할 것이 있다. 그것은 폐로에 관련된 기술의 축적이다. 이미 가동 연수의 한계에 근접해 있는 원자력 발전소도 있고, 정부의 방침대로 하더라도 언젠가는 폐쇄하지 않으면 안 되는 원자로의 수도 점차 증가할 것이다. 방사성 폐기물의 처리와 오염된 시설을 어떻게 안전하게 해체 · 처리할 것인가는 한시의 유예도 허용될 수 없는 연구 과제이다. 따라서 현재 우선 염두에 두어야 하는 것은 어떠한 순서로 발전소를 처리할 것인가이다. 그리고 그 계획에 따라 확실한 처리에 필요한 기술적인 능력을 축적하는 것이다. 재가동이 아니라 폐로를 계획적으로 처리하기 위한 로드맵이 필요한 것이다. 아무도 철거 작업에 관여하고 싶지 않고, 폐로를 처리하기 위한 기술 개발과 연구에 관심이 없는 기술자들의 심리는 이해하지만, 그렇기 때문에 생각하지 않으면 안 되는 문제인 것이다.

원자력 발전은 안전하다는 설명을 믿고 있는 사람들도 있을 것이고, 지구 온난화 문제를 고려하면 어쩔 수 없는 선택이라고 생각하는 사람도 있을 것이다. 개인적으로는 원자력 발전의 확충은 반대하더라도 아무것도 하지 않는 사람도 있다. 이러한 사람들이 많은 것이 현실이다. 나도 그중 한 사람인데, 그렇게 아무것도 하지 않았던 책임을 이제는 져야만 하는 것이다. 안전하다고 주장하던 사람들에게만 이제 와서 책임을 지우는 것은, 제2차 세계대전이 끝난 후 갑자기 "사실은 전쟁을 반대했었다. 그것은 군인의 폭주였다"라고 고백하는 사이비 평화주의자를 연상시키는 행위이다. 내키지 않더라도, 적어도 이제까지의 밝고 쾌적한 삶을 바꾸어 갈 각오가 필요하다.

3 대체 에너지의 가능성

전력 요금 인상이 좋은 기회가 될 수 있다

1인당 소비량이 억제되면 사실 에너지 총소비량이 늘어날 것을 상정할 필요가 없어진다. 인구는 확실하게 줄 것으로 예측되고 있기 때문이다. 그러한 전제에서 생각해 보면, 온실 효과 가스 억제는 이산화탄소가 없는 재생 가능한 대체 에너지로 전환함으로써 확실하게 달성 목표에 근접할 수 있게 된다. 경제 성장을 추구하기 위해 에너지 공급의 증가가 필요하고, 그를 위해서 원자력 발전이 필요하다는 주장은 미래의 모습으로는 적절하지 않다. 경제 성장이 풍요로운 미래를 보장하는 것처럼 홍보하고 있으나, 그를 위해서 원자력 발전을 계속한다고 하면 미래 세대는 향후 폐로 및 폐기물 처리 비용을 부담하기 위해 비싼 전력 요금과 많은 세금을 내야 한다. 이는 늘어나는 비용을 계속 지불하기 위해 경제 성장을 하는 꼴이 된다. 그러한 비용을 부담하느라 풍요로운 생활은 누리지 못할 것이다. 발상을 전환할 필요가 있다.

그렇다면 대체 에너지원은 어느 정도 현실성이 있는 것일까? 대체 에너지원으로 유력한 후보인 태양광, 풍력, 지열 가운데 태양광과 풍력은 1기당 설비 투자액이 작더라도 실현될 수 있다는 장점이 있다. 그리고 모두 재생 가능한 에너지원이다. 더구나 기본적인 원리는 이미 잘 알려져 있다. 이들 전원의 보급이 늦어지고 있는 이유는 발전 효율이 낮은 데서 오는 높은 발전 비용에 있다고 생각된다. 바꾸어 말하자면, 개발에 필요한 기술적인 과제는 발전 효율 향상에 맞추어져 있고, 이것을 해결하기 위한 기술 개발에 성공하면 개발 투자는 충분히 회수 가능하게 된다. 개발 투자를 어떻게 촉진하는가가 문제가 될지도 모른다. 악화된 재정 사정을 고려하면 정부로부터의 보조금을 기대하는 것은 무리가 있다. 그러나 대체 에너지의 개발에 관련된 투자에 대해 충분한 회수가 예상된다고 하면 보조금을 지급할 필요가 없어진다. 회수 기간이 길어질 가능성은 있으나 개발에 관련된 비용은 투융자 형태로 자금 제공이 가능할 것으로 생각된다.

더구나 출발점이 되고 있는 전력 요금의 인상이 이 개발에 박차를 가할 수 있게 해준다. 요금 인상은 개발의 장벽을 낮출 뿐만 아니라 태양광 패널의 설치 등 일반 가정에서도 가능한 투자에 대한 인센티브를 높여 준다. 특히, 요금 인상에 연동해서 전력 회사의 매수 단가가 올라가게 되면-실제로는 전력 회사의 이익을 우선시한, 완전히 역방향의 움직임을 보이는 한심한 상황이지만-패널을 설치하는 가정의 수가 늘어날 것으로 기대된다. 그렇게 되면 패널 제조업체의 생산 규모도 확대되어 채산성이 개선되고 설치 비용이 낮아지는 선순환 구조가 정착될 것이다.

그러한 조치는, 석유 위기를 계기로 산업용에서는 소비가 상당히 절약되었음에도 불구하고 가정용 전력 소비가 계속 늘어났다는 점, 그리고 사무실의 냉난방용 소비 등 기업에서도 직접 제조원가에 반영되기 어려운 부문의 소비 억제가 곤란했다는 점을 고려하면, 에너지 이용에 변화를 가져올 수 있다는 점에서 매우 중요하다고 생각된다. 가정용의 경우, 소규모 패널의 설치가 가능한 가구에서는 소비량의 대부분을 태양광의 자가발전으로 조달하는 것도 불가능하지 않다. 그리고 대규모 설비 투자가 필요한 발전소가 아니라 그러한 가정용 패널의 설치가 새로운 에너지원으로 되면 환경에 대한 부하도 작아진다.

지구 환경은 매우 소중한 것이다. 에너지 공급원인 천연자원에도 한계가 있다. 희소한 자원에는 그에 상당한 가격이 매겨진다는 것이 경제의 원칙이다. 그 원칙에 비추어 보더라도 전력 요금의 인상은 받아들이지 않으면 안 된다.

4 자원 제약과 영리 기업

'유한한 자원'을 어떻게 사용할까?

이러한 사고방식은 희소성이 있는, 재생 불가능한 자원에는 모두 해당된다. 우리들의 생활이 지속 가능하기 위해서는 온실 효과 가스의 배출을 억제하는 것뿐만 아니라 희소성이 높아지고 있는 자원 전반을 절약하지 않으면 안 된다. 희소성은 에너지만이 아니라 재생 불가능한 여러 천연자원에 공통되는 현상이기 때문이다.

소박한 경제학 이론에서는 자원이 한정적이라도 그 희소성이 높아지면 가격이 상승하고 그에 따라 대체재가 개발되어 문제가 해결된다고 설명할지도 모른다. 그러나 가격이 상승해도 적시에 신소재가 개발된다는 보장이 없다. 만약 일방적으로 자원의 부족만이 현재화되면, 그것을 기점으로 현재의 경제 활동 전반에 지장을 초래하게 된다. 예를 들어, 석유를 원료로 한 합성수지는 현재 생활의 여러 분야에서 쓰이고 있고 생산 활동에도 유용한 재료이다. 야채를 재배하는 비닐하우스도 그 한 예이다. 그런데 비닐하우스 부족으로 야채 재배가 불가능해지면 야채의 공급은 크게 줄게 될 것이다. 재화 생산의 연쇄는 마치 자연계의 먹이사슬처럼 복잡하게 연결되어 있어 그 사슬을 연결하는 자원이 부족해지면 생산 활동 전반에 심각한 영향을 미치게 되는 것이다. 사카이야 다이치(堺屋太一)[1]의 『방심!』(油斷)이라는 유명한 소설은 석유 공급의 두절에 대응

1) 1935년생으로 도쿄대학 공학부 건축학과에 입학했으나 경제학부로 전과하여 졸업 후 통산성에 들어

하지 못해 굶어 죽는 사람이 발생하는 암울한 과정을 잘 묘사하고 있다. 앞으로 그 정도로 심각한 일이 발생하지는 않을 테지만 필요한 때에 금방 해답을 찾을 수 없을지도 모른다는 점은, 원자력 발전소 사고가 났을 때 일본의 높은 기술력으로도 어찌하지 못해 우왕좌왕하던 모습을 떠올리면 쉽게 이해할 수 있을 것이다.

자원이 유한하다는 점, 시장경제 메커니즘은 단기적인 예상에는 반응할 수 있어도 자원 고갈처럼 장기적인 전망을 현재의 가격에 충분하게 반영할 수 없는 한계가 있다는 점을 이해한다면, 지금 당장 우리가 할 일은 자원을 가능한 한 유효하게 활용하는 방법을 모색하는 것이다.

이와 관련해서, 리사이클 등은 이미 선진국에서 시작되어 자동차나 가전제품 등에 대해서는 상품의 설계 단계부터 리사이클을 의식하여 재이용 가능성을 염두에 둔 노력이 축적되고 있다. 종이 같은 것은 리사이클의 흐름도 알기 쉽지만, 요즘의 제품은 여러 가지 소재를 조합하여 만들어 내고 있기 때문에 그것을 재이용하기 위해서는 일일이 원래의 자원으로 되돌릴 필요가 있다. 물론 중고품 시장을 활성화하여 새로운 소비자를 발견해 내는 것이 가장 좋은 일이다. 그러나 대체로 재이용할 수 있는 자원을 추출해서 다시금 소재로 이용하는 방향으로 나아가고 있다. 그리고 그를 위해서 여러 가지 모색이 필요하다는 것은 두 말할 필요도 없다.

갔다. 통산성에 재직중이던 1975년에 본문에서 언급된 『油斷!』으로 작가로 데뷔하였고, 1976년에 발표한 『團塊の世代』(베이비 붐 세대)로 각 분야에 큰 반향을 불러일으켰다. 1998~2000년에는 경제기획청 장관으로 오부치(小淵) 내각에 입각하기도 했다. 『일본이란 무엇인가』(동아일보사, 1992) 등 한국어로도 다수의 소설 · 평론이 번역되었다.

이제까지도 생산 현장에서는 원재료의 사용량을 줄이기 위한 '원단위(原單位) 개선'에 노력해 왔다. 여기서 '원단위'란 익숙하지 않은 용어일 것이나, 제품 한 단위를 만드는 데 필요한 원재료의 수량을 뜻한다. 석유나 석탄을 연소시켜 증기를 만들고 그것으로 터빈을 돌려서 전력을 얻는 공정에서는, 석탄과 석유의 연소에 의해 발생한 모든 열에너지가 전기 에너지로 변환되는 것이 아니라 배기가스와 함께 일부는 기계의 방열로 없어진다. 얇은 철판(박판)에서 자동차의 차체를 제조하는 데 필요한 모양을 잘라 낼 때도 철판 조각이 남는다. 자동차 한 대에 사용되는 박판의 양과 그것을 만드는 데 들어가는 박판의 양은 다르다. 원재료를 생산 공정에 투입해서 가공할 때 없어지는 부분을 줄여 효율적으로 이용할 수 있다면 자원을 절약하게 된다. 이처럼 유효하게 이용되는 부분의 비율을 나타내는 용어가 '원단위'이다.

영리 기업의 한계를 극복하는 새로운 경제학

이제까지 이러한 원단위를 기준으로 한 절약을 위한 생산 현장의 노력은 비용에 반영되면서 경제적인 의미가 부여되었다. 절약을 위한 노력에 드는 비용과 그로부터 절약된 비용을 비교해서 후자가 전자보다 클 때만 자원 절약 방법이 실행되었다. 여기에 영리 기업이 안고 있는 내재적인 문제점이 있다. 이러한 수익성을 중시하는 관점은 21세기의 경제 문제를 해결하고 경영을 평가하는 지표로서는 한계가 있다고 할 수 있다.

미래 사회는 비용 절약에서 자원 절약을 중시하는 사회로 전개될 것인데, 그에 따라 주류를 자칭하는 경제학의 체계에도 자기 혁신이 필요하고 현실 세계의 제약 조건을 정면에서 진지하게 고려하려는 노력이 요구된다. 경제학이 이론의 전제로 하고 있는 가격 메커니즘을 통한 시그널이 현실 문제에 적절하게 대처하는 방법을 이끌어 내는 데 너무 느리기 때문이다. 현재의 경제학 체계가 그러한 자기 혁신을 이루어 낼 수 있을지 여부는 판단하기 어렵지만, 그러한 과제에 도전할 필요가 있다는 점만은 확실하다.

이를 위해 특별한 것이 필요한 게 아니다. 왜냐하면 현실의 제조업 생산 현장에서는 비용이라는 척도를 사용하고는 있지만 자원 절약을 위한 노력이 끊임없이 이루어지고 있기 때문이다. 필요한 것은 자원 절약을 정확하게 평가할 수 있는 척도를 경제학이 이론적인 체계 내에 포함시키는 것뿐이다. 즉, 너무 늦었다는 느낌은 들지만, 자원 절약의 효과를 생산 현장에서 원단위와 리사이클 이용도라는 관점에서 평가할 수 있는 이론적인 틀이 필요하다는 것이다. 그리고 생산 현장에서는 지금까지처럼 자원을 절약하기 위한 진지한 노력을 계속해야 한다. 그런데 그 경우 당장의 비용 증가라는 이유 때문에 그 노력을 포기하는 '영리성'의 추구라는 목적에서 자유로워져야 한다.

이와 같은 변화의 결과로 가까운 장래에는 '돈'으로 측정한 효율의 상승이 아니라 물적인 생산성의 상승에 높은 가치를 두는 경제사회가 도래할 것으로 예상된다. 그리하여 기술 개발은 저비용 · 고수익으로 이어진다는 이유에서가 아니라 직접적으로 자원 절약적이라는 이유로 존중되고 선택될 것이다.

예전에 베블런(T. Veblen)[2)]이라는 미국의 경제학자는 기업의 기술적 합리성

2) Thorstein Bunde Veblen(1857~1929년): 미국의 경제학자, 사회학자. 1899년에 나온 최초의 저작 『유한계급론』(*The Theory of the Leisure Class*)에서 황금 시대의 부유층의 생활 양식을 '과시 소비'(conspicuous consumption), '과시 여가'(conspicuous leisure) 등 인상적인 용어로 묘사하

이 영리를 목적으로 하는 기업의 성격 때문에 자주 손상된다고 지적한 바가 있다(小原敬士『企業の理論』勁草書房, 1965). 벌써 100년도 더 된 일이다. 그러한 의미에서 영리 기업의 한계는 극복될 필요가 있다. 이를 위해서는 '경영자의 시대'에서 '기술자의 시대'로 변혁이 추진되어야 한다. 왜냐하면 기술자들이야말로 자원 절약적 개발의 방향을 숙지하고 있을 것이기 때문이다. 그러한 의미에서 기술의 진보와 그에 의한 효율성 상승이 필요하다. 이제까지의 경제 시스템에서는 노동력이라는 자원을 절약하여 1인당 산출량을 늘리는 데만 관심을 집중시켰다. 노동생산성이 중요한 진보의 지표였던 것은 그 점을 상징적으로 말해주고 있다. 앞으로도 노동력이라는 자원을 절약하는 것은 기술 혁신의 큰 목표일 테지만, 그와 동시에 자원을 낭비하는 산출량의 증가도 회피하지 않으면 안 될 것이다. 그리고 이제부터는 노동력만을 절약하는 것이 아니라 여러 가지 재생 불가능한 자원을 절약해야 한다. 이 가운데 후자가 좀 더 기술 개발의 우선적이고 유의미한 목표가 되는 것이다.

신자유주의는 이미 시대착오

현대의 기업은 사회적 책임을 다한다는 관점에서 환경을 중시하고, 그것을 홍보함으로써 기업으로서의 명성을 높이고 자사 제품 구매층의 확대에 노력하였다. 또한, 리사이클 방법을 표지에 표시하여 소비자에게 바람직한 상품

여 큰 반향을 일으켰다.
본문에서 소개된 『영리 기업의 이론』(*The Theory of Business Enterprise*, 1904)에서는, 물자를 제조하는 산업(industry)과 돈벌이를 목적으로 하는 영리 기업(business)을 구분하여, 영리 기업은 산업을 발전시키는 것이 아니라 오히려 저해시킨다고 보았다.

선택을 촉진하는 방법도 보급하였다. 그뿐만이 아니라 투자의 경우에도, 그린 본드(green bond)[3] 처럼 환경 중시형 투자에 대한 관심이 높아지고 있다.

이러한 변화 가운데는 아직 그다지 주목받지 못하고 있는 경우도 많으나, 현실의 시장경제와 기업 행동에는 조용하지만 변화가 일어나고 있다. 그것에 관심을 기울이고 있는 사람들이 다수파라고 할 수는 없으나, 소비자는 이러한 '조용한 변혁'에 확실한 지지를 보내고 있는 것처럼 보인다. 그러한 형태로 소비자가 '바람직하다'고 생각하는 기업을 고르는 것－투자처로, 구입하는 상품의 공급자로서 선택하는 것－을 통해 단기적인 이윤 지상주의가 아니라 환경 친화적이고 자원 절약적이라는 사회의 중장기적인 이익에 맞는 기업이 그 사회적인 책무를 충분하게 발휘할 수 있는 경제 주체로서 존속하도록 하는 것이다.

그에 대해 '주주반혁명'으로 불리는, 1970년대 이후 미국에서 시작된 '기업은 주주의 것'이라는 주장과 그것을 지탱하는 신자유주의적 사조는 '조용한 변혁'의 움직임을 저지하기 위해 앞으로도 많은 비판을 가할 것으로 예상된다. 예를 들어, 사적인 이익 추구를 무한하게 인정하지 않으면 경제의 활력이 손상되어 우리들의 미래가 암담해질 것이라는 시나리오가 끊임없이 들려오게 될 것이다.

그러나 투자가의 이익을 지키게 된 결과 사람들의 생활이 위협받게 된다

3) 기후 변동 문제 해결을 위한 프로젝트에 필요한 자금을 조달하기 위해 세계은행이 발행하는 채권. 2008년에 공공 부문과 민간 부문의 온난화 방지 활동을 촉진하기 위한 목적으로 '개발과 온난화 문제에 관한 전략적 구조'(Strategic Framework for Development and Climate Change)를 설치하였는데, 그 활동을 지원하기 위한 자금 조달 방법으로 그린 본드가 고안되었다.

면 이상한 일이다. 기업 활동이 이익을 얻고 있는 것은 그 재화와 서비스의 생산이 사회의 재생산 · 유지에 유용하기 때문이다. 어떤 기업이라도 그들이 제공하는 재화와 서비스를 소비자들이 구입할 때 비로소 매출이 발생하고, 그 가운데 비용을 제외하여 이익이 계산된다. 주주는 소비자 선택의 결과로 발생한 이익을 나누어 가지는 것일 뿐인데, 이러한 주주들의 이익을 우선시하는 것은 본말전도이다. 만약 그 기업의 생산 활동이 사회의 유지 가능성을 위협하는 것이라면 그것을 용인해서는 안 된다. 좀 더 바람직한 사회로 나아가는 데 공헌하는 범위 내에서만 기업의 수익 추구가 허용되고 있다는 점을 인식해야 한다. 이 사회의 구성원으로서 누구나 평등한 것인데, 출자자만이 특권을 누려야 한다는 생각은 이미 시대착오적 발상이다. 이러한 변화를 인식하지 못하면 이익을 추구하는 나머지 안전성을 경시한 식품 기업처럼 소비자로부터 퇴장을 명령받게 될 것으로 생각된다. 소비자는 이와 같은 방식으로 바람직한 기업을 선택하는 중요한 책임을 지고 있다. 우리들은 선택하는 것을 통해서 큰 힘을 발휘하고 있는 것이다. 한 사람 한 사람, 한 번 한 번의 소비자 선택은 작은 일이지만 큰 힘이 된다. 이것이 시장경제의 역할이다.

5 자원 제약에 대한 도전

다품종 소량 생산 시대로

자원 제약에 대한 도전은 이미 언급한 것처럼 생산 현장에서 이용하는 자원량을 절약한다. 즉, 자원의 원단위를 작게 하는 것부터 시작할 필요가 있다. 그러나 생각할 수 있는 방법은 이뿐만이 아니다.

예를 들어, 자원 절약을 추진하는 데는 상품 수명을 연장하는 것도 효과적이다. 따라서 이제까지처럼 대량 생산, 대량 소비, 대량 폐기라는 사이클에서 점차 벗어나야 한다.

모노즈쿠리[4]라는 관점에서 이 문제를 보면, 내구소비재 산업의 경우 종래와는 다른 경영 환경으로 변화했음을 의미한다. 즉, 이들 상품군에서는 지금까지 단기간에 반복되는 모델 체인지에 의해 신규 수요 및 대체 수요를 환기시키면서 그 수요 수준에 맞추어 높은 공급 수준을 유지하고 대량 생산의 이익을 획득해 왔다. 그런데 이제부터는 이러한 방식이 작동할 여지가 적어졌기 때문이다.

제2차 세계대전 후의 일본 경제와 많은 선진국 경제는 내구소비재의 소비

4) 물건을 뜻하는 모노(物)와 만들기를 뜻하는 쓰쿠리(造り)가 결합된 합성어. 원래의 의미는 제조업 그 자체 혹은 그에 사용되는 기술을 뜻하는 말이다. 물론 단순 작업에 의한 제조가 아니라 장인 등에 의한 고도의 제조 기술에 이 용어를 사용하는 경우가 많다. 용어 자체는 고대 시대부터 있었으나 일본 제조업의 정신과 역사를 의미하는 용어로 자주 쓰이게 된 것은 1990년대 이후부터다. 1999년에 「모노즈쿠리기반기술진흥기본법」이 제정되었고, 경제산업성은 매년 『모노즈쿠리 백서』를 발행하고 있다.

확대를 기동력으로 '고성장'을 실현시켰다. 그러나 이와 같은 성장 엔진은 점차 약해지게 된다. 왜냐하면 수요를 환기시키기 위해서는 소비자의 다양한 요구에 대응하기 위한 다양하고 차별화된 제품을 공급해야 하기 때문이다. 그것만으로도 동일 제품의 생산 규모는 작아진다. 다양한 제품의 공급은 소비자 선택의 다양성을 보장하고 선택의 자유를 확대시킨다는 점에서는 바람직한 현상이다. 이것이 생활의 질을 유지하는 기초적 조건이기 때문이다. 따라서 생산의 방향은 더욱더 다품종 소량 생산으로 나아가고 규모의 경제성이 작용하지 않는 부분만큼 비용은 높아진다.

그러한 변화에 상품 사이클의 장기화에 수반되는 수요 감소분이 더해지기 때문에 선진국에서는 소량 생산으로의 경향이 점차 강해졌다고 생각된다. 그러나 이러한 비용 상승 조건이 모두 마이너스 요인인 것은 아니다. 상품 사이클이 장기화하는 것은 내용 연수의 증가로 연결되므로 그만큼 상품의 가격을 높게 설정할 수 있게 된다. 그러한 조건이 갖추어지면 영리성을 어느 정도 존중하면서도 현재의 기업이 대응할 수 있는 범위 내에서 목표를 설정할 수 있다. 그리고 지금까지 단기 사이클에 대응하기 위해 이용되었던 개발 인력을 좀 더 장기적 관점의 개발로 돌릴 수 있게 된다. 예를 들어 자동차의 경우, 10년 이내에 전기 자동차로 수요가 크게 전환될 것은 충분히 예측 가능하다. 따라서 그것을 위한 개발 자원은 기존 자동차 개발 인력에서 충분히 조달할 수 있다. 그래서 개발이 촉진되면, 재생 가능한 자원을 기본으로 하여 발전된 전기 에너지를 이용하는 전기 자동차는 가솔린이나 경유를 원료로 하는 자동차보다도 환경친화적이고 유지 가능한 사회 건설에 바람직한 선택으로 받아들여질 것이다.

물론 개발도상국의 신흥 시장을 고려하면, 인도 등에서 현재 진행 중인 것처럼 저가격 자동차의 공급에 의해 양산 효과를 살리면서 생산을 유지할 수 있는 방법도 있다. 그러나 그들 시장도 조만간 선진국 시장과 같은 길을 걷게 될 것이므로 결국은 문제 해결을 미루는 것에 불과하다.

리사이클이라는 비즈니스 기회

이러한 변화 과정에서, 자원의 재이용을 진전시키는 리사이클이 관건이 되고 있는 것은 두 말할 필요도 없다. 일본에서는 현재 몇몇 분야에서 리사이클이 꽤 높은 수준까지 진전되고 있다. 약간 오래된 자료이기는 하지만 〈표 3-4〉는 그러한 상황을 잘 보여 주고 있다. 폐지의 회수율은 상당히 높은데, 연도별 추이를 보면 거의 한계에 도달해 있는 것처럼 보인다. 폐지 이상으로 재이용률이 높은 것은 유리, 철제 깡통, 알루미늄 깡통 등이다. 이것들은 회수 비용 등을

표 3-4 리사이클 비율의 진전 추이

(단위: %)

연도	폐지		종이 팩	유리	철제 깡통	알루미늄 깡통	페트병	발포스티롤	
	회수율	이용률	회수율	회수율	회수율	회수율	회수율	A	B
1992	52.5	51.0			56.8				
1995	53.4	51.5		61.3	73.8	65.7		27.3	
1998	54.9	55.2	25.1	73.9	82.5	74.4	16.9	31.2	51.5
2002	65.4	59.6	31.1	83.3	86.1	83.1	45.6	39.1	64.7
2004	68.5	60.4		90.7	87.1	86.1	46.4	41.0	69.3

주: 1) 유리는 파쇄유리(cullet) 이용률.

2) 발포스티롤의 A는 본래 상태에서의 리사이클률, B는 열처리 리사이클을 포함한 리사이클률.

출처: 經濟産業省『産業構造審議會廢棄物處理・りサイクルガイドライン』2005에서 작성.

고려하면 더 이상은 기대할 수 없는 상황이라고 할 수 있다. 그에 비해 발포스티롤은 재이용의 한계가 보이기 시작할 무렵부터 '열처리 리사이클'(thermal recycle)로 불리는 재이용이 활발해지고 있다. 그러나 이는 리사이클의 취지에서 볼 때는 문제가 있다. 왜냐하면 연료로 소각되어 에너지로서 회수되는 것이기 때문에 리사이클이라고 해도 일회성 리사이클에 불과하다.

그 외에도 가전제품과 자동차에 대해서는 리사이클이 법제화되어 그 비용을 사용자(구입자)가 미리 부담하게 되어 있다. 다만 이들 제품은 이미 언급한 것처럼 자원으로 되돌리기에는 꽤 복잡하다. 최근에 그 작업이 중요한 사업 기회로 되고 있다고도 하는데, 대규모 사업 전개로 성공하고 있는 업자도 출현하고 있다. 이 리사이클을 추진하는 데 중요한 점은 그에 필요한 비용을 이러한 형태로 부담시키는 것뿐만 아니라 원래부터 리사이클하기 쉬운 설계, 즉 해체 작업까지 고려한 제품이 설계되어 제조되는 것이다. 그리고 그러한 노력도 실제로 이루어지고 있다.

리사이클 가운데 약간 특이한 것으로 '도시 광산'이라는 사업 분야가 있다. 그것은 예전에 쓰레기 집적소에 쌓여 있던 도시의 쓰레기에서 유용한 자원, 특히 희귀 금속류를 회수하는 것이다. 그러한 사업이 진전되기 위해서는 회수 비용에 걸맞은 자원의 가격이 설정되어야 하므로 하루아침에 실현되지 않을 것으로 보이지만, 완전히 불가능하다고도 할 수 없다. 자원 절약을 향한 도전은 이미 시작되었고, 그것을 더욱 철저하게 함으로써 상당한 효과를 기대할 수 있는 수준에까지 와 있다고 할 수 있다.

'경지'라는 자원의 제약

이와 같은 자원 절약을 향한 도전이라는 면에서 약간 이질적인 자원의 제약이 있다. 그것은 식량을 공급하기 위한 경지라는 기본적인 자원이다. 세계에서는 현재 선진국에서의 과잉 부유화 현상과 아프리카 등 발전도상국에서의 심각한 빈곤 및 식량 부족이 대조적으로 발생하고 있다. 선진국 및 신흥 공업국과는 달리 이들 지역에서는 식량 등 생명에 직접 관련된 물자의 공급 증대가 우선적으로 해결해야 할 과제인데, 이를 위해서는 이들 지역에서의 농업 재생이 필요하다.

그런데 현재 지구상의 여러 곳에서 진행되고 있는 토양의 침식에 의한 경지의 상실은 심각한 수준으로 그 회복을 위해서는 막대한 비용을 들여서도 아직 전망이 그다지 밝다고만 할 수 없는 실정이다. 따라서 무엇보다도 우선적으로 이용 경지를 수익성이라는 20세기의 기준으로 볼 것이 아니라 그 토지의 식량 생산 능력이라는 직접적인 기준으로 평가할 필요가 있다. 그 실현을 위해서는 대담한 제도적인 정비가 필요하다.

그 가운데 하나는 선진국의 잉여농산물을 자국의 농업 보호와 연관시켜 저렴한 가격으로 개발도상국에 공급하는 것은 일시적인 기아 대책이 될 수는 있어도 중기적으로 지속 가능한 제도가 되지 못한다는 점을 인식하는 것이다. 저렴한 식량의 수입이 그 지역의 경지를 황폐화시킬 위험성을 높이기 때문이다. 개발도상국의 매우 어려운 조건 하에서 농업을 재생시키기 위해서는 경지의 황폐화를 방지하는 것을 일차적인 목표로 하여 경지 개량과 수자원 확보 등에 원조가 집중되지 않으면 증가하는 인구를 부양할 수 있는 식량 공급은 확보되지 못하기 때문이다.

나아가 주요 식량의 국제 가격은 그러한 국가들의 생산 농민이 충분하게 구입 가능한 수준으로 최저 가격을 설정하고 국제적으로 관리할 필요가 있다. 주요 생산 요소가 이전 가능하다면 자유로운 시장이 효율적인 자원 이용을 촉진한다고 하는 것은 완전히 황당무계한 비현실적인 논리가 아니다. 경제학은 그렇게 가르치고 있다. 그러나 농업 생산에서는 주요 생산 요소인 토지가 이동할 수 없다. 그 점을 생각하면, 토지와 노동력의 최적 조합은 상당한 규모의 노동력 이동을 상정하지 않는 한 무리이다. 그렇다고 한다면, 시장이 관리되도록 하는 것은 그다지 이상한 정책이 아니다.

그 경우 일본처럼 식량을 수입에 의존하는 나라에 대해서는 수입을 억제하는 관세 정책이 아니라 보조금 등에 의한 소득 보장에 의해 고유의 농업 생산을 보호하는 정책이 필요하다. 다른 한편으로, 수출 여력이 있는 나라의 농업 생산자에 대해서는 국제 가격의 안정에 기여하는 범위 내에서 지원 조치를 인정해 줄 수 있다. 가격 경쟁력이 있어 수출 여력이 있다고 하면 국제 가격의 관리는 그 자체로 생산자의 이익을 더해 주어(렌트의 발생) 식량 생산의 지속적인 확대를 촉진한다. 또한, 국내 과잉 생산을 덤핑 수출로 처리하기 위해 거액의 보조금을 주고 있는 나라에 대해서는 가격 관리에 의해 보조금이 절약될 수 있고, 만약 보조금이 국제 가격의 안정을 해칠 경우에는 국제적인 제재를 받도록 하게 한다. 물론 그들의 잉여농산물이 당면의 기아 대책으로 사용되는 것을 인정할 필요는 있다. 그러나 그것은 단기적이고 임시적인 것이어야 한다. 원조를 받아들이는 나라와 지역의 농업 생산이 지속될 수 있도록 하는 것을 가장 중시하지 않으면 안 되기 때문이다. 우리들처럼 개발도상국의 사람들도 자립을 지향하고 있다. 따라서 농산물 가격은 자립의 기반을 부여할 수 있도록 관리해야 한다.

이처럼 모든 지역에서 농업 생산자의 유지가 가능하도록 하기 위한 비용은 결국 소비자가 상대적으로 높은 가격으로 식량을 구입함으로써, 즉 소비자의 부담에 의해 조달하게 된다.

그러나 장래 발생하는 환경에 대한 강한 부하와 그에 대처하기 위한 비용을 고려하면, 그 비용 염출을 위한 고액의 과세 조치보다는 세계 각국 사람들의 생존에 공헌할 수 있다는 의미에서 충분히 의미 있는 부담이라는 주장이 설득력을 가질 수 있다고 생각된다. 식량의 덤핑 수출과 원조가 정부 보조금으로 가능하다는 메커니즘을 이해할 수 있다면, 이 같은 주장이 그다지 이상하지는 않게 들릴 것이다. 일본에서는 2004년에 폐지되었지만, 그 이전까지 쌀의 재생산을 확보할 목적으로 쌀 가격에 대해 생산자 가격이 '생산비 · 소득 보상 방식'으로 산정되어 그 가격으로 정부가 수매했다. 그리고 그 가격을 기초로 정부미를 소비자에게 방출하면 소비자 부담이 너무 커지므로 소비자 가격을 생산자 가격보다 낮게 억제하는 정책이 실시되었다. 그 차액이 식량관리특별회계의 적자로 누적되어 있던 것을 기억하고 있는 사람들도 많을 것이다. 이 적자의 보전은 최종적으로는 세금에 의해 부담되는 것이므로, 결국은 소비자가 부담하고 있던 셈이다. 눈앞의 쌀값이 싸더라도 많은 사람들은 식량의 생산자 가격 유지를 위한 비용을 부담하고 있었던 것이다. 따라서 그 부담분이 가격에 전가되고 그만큼의 보조금이 줄어든다고 하면 소비자의 부담이 늘어나는 조치라고는 할 수 없다. 각국의 소비자는 각국의 정부가 자국 농업을 보호하기 위해 실시하고 있는 여러 정책적 보조금의 부담을 떠안고 있다. 비교적 높은 국내 가격으로의 구입을 강요당하고 보조금 재원 염출을 위한 세금도 부과되고 있기 때문이다. 저렴한 식량이 단기적으로는 가난한 사람들에게 필요한 것은 사실이지만, 그것에 정신을 뺏겨 장기적인 관점에서 고려할 사항을 잊어버려서는 안 된다.

제4장

경제 성장의 가능성을 생각한다(2) –재정의 과제

제4장

경제 성장의 가능성을 생각한다(2) –재정의 과제

1 재정 파탄의 현상

부채를 팽창시켜 온 정치의 실패

경제성장률이 하락하는 가운데 고용 상황은 1990년 전후의 버블기를 제외하고 줄곧 악화되어 높은 실업률이 계속되고 있다(〈그림 4-1〉). 유효구인배율[1]은 1990년 전후의 버블기를 제외하고는 장기간 1 이하의 수준에 머물러 있다. 그 때문에 성장률과 X자 상태로 교차하면서 완전실업률이 급상승하여 2000년대에는 그 높아진 수준을 유지하고 있다.

이처럼 성장률 저하와 고용 상황의 악화라는 조건 하에서 정부는 대규모 경기 부양 대책을 재정 정책을 통해 연달아 시행했다. 그 결과 1980년대에 제2

1) 직업을 찾고 있는 구직자 1인당 몇 건의 구인이 있는가를 표시하는 것으로, 예를 들어 구인배율이 1.0보다 높으면 구직자보다 구인의 수가 많으므로 경기가 활발한 상태라고 이해된다. 일본에서는 매월 이 구인배율을 조사하여 공표하고 있다.

그림 4-1 경제 성장과 고용 사정

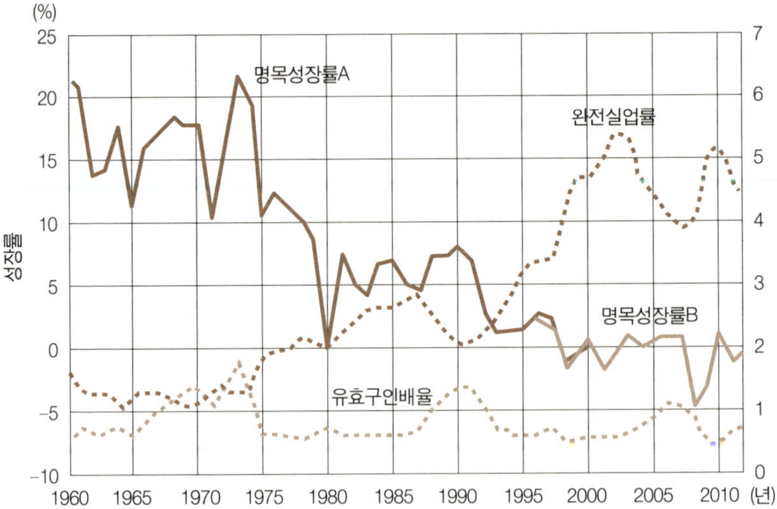

주: 1) 명목성장률의 A, B는 국내총생산의 기준년 변경에 의한 것임.
2) 성장률은 왼쪽 눈금, 실업률(%), 유효구인배율(배)은 오른쪽 눈금.
출처: 東洋經濟新報社 『經濟統計年鑑』에서 작성.

차 임시행정조사회 답신에 근거한 재정 재건에 의해 개선된 방향으로 나아가던 재정 수지는 1990년대에 급속히 악화하여, 현재는 공적 채무가 1,000조 엔에 이를 정도가 되었다.

우선 재정 수지의 악화 양상을 살펴보기로 하자. 〈그림 4-2〉에 의하면 1990년대 무렵까지 재정 수지는 개선되고 있었고, 적자 국채(특례국채)의 발행에 의존하지 않아도 되는 상황 직전에까지 다달았다.[2)] 그러나 버블이 붕괴되고 경

2) 〈그림 4-2〉에 있는 4조공채와 특례공채의 의미는 다음과 같다. 일본에서는 제2차 세계대전 중의 경험을 살려 국가 재정의 기본법인 「재정법」(1947년)에서 공채 발행을 원칙적으로 금지하였는데, 다만

그림 4-2 일반회계의 세출 · 세입 · 공채 발행액 추이

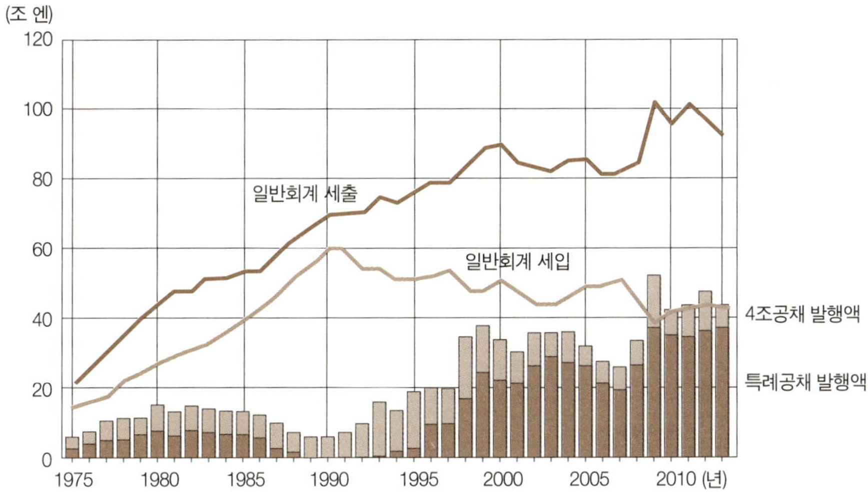

출처: 財務省『日本の財政關係資料』에서 작성.

기가 예상했던 대로 회복되지 않자 1990년대에 들어서면서 재정 수지의 균형이 무너졌다. 즉, 세수가 점차 감소하는 반면에 세출은 경기 대책 등의 이유로 뚜렷이 증가했다. 세출 증가의 재원은 매년 거액에 달하는 적자 국채였다.

그 결과 〈그림 4-3〉에 보이는 것처럼, 공적 채무 잔액은 1990년대 중반 이후

제4조 단서조항에서 예외적으로 "공공사업비, 출자금 및 대부금의 재원에 대해서는 국회의 의결을 거친 금액 범위 내에서 공채 발행이나 차입금으로 조달할 수 있다"고 규정하고 있다. 즉, 이 규정에 의한 공채를 '건설공채' 또는 '4조공채'라고 한다. 한편, 건설공채를 발행해도 세입이 부족할 경우에는 공공사업비 이외의 세출에 충당할 자금을 조달할 목적으로 특별 법률, 예를 들어 「재정 운영에 필요한 재원의 확보를 위한 공채 발행 특례에 관한 법률」에 의해 공채를 발행한다. 이를 '특례공채'라고 하는데, 공채의 성격을 나타내기 위해 '적자공채'라고 표현하기도 한다. 일본에서 적자공채는 1965년에 한시적으로 발행된 후 발행되지 않다가 1975년부터 1989년까지 계속해서 발행되었다. 그리고 1990~1993년에는 다시금 발행이 억제되다가 1994년 이후 현재까지 매년 발행되고 있다.

그림 4-3 채무의 누적과 이자 · 금리의 추이

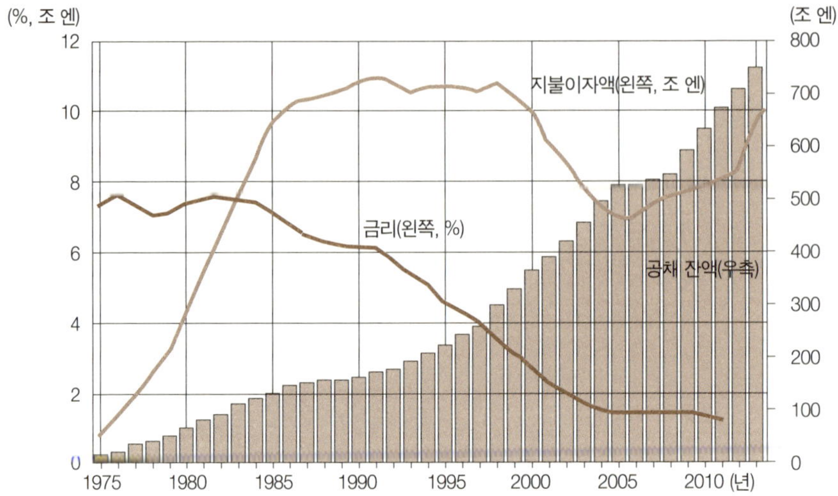

출처: 〈그림 4-2〉와 동일.

급증했다. 그 가운데 공채 잔액은 1990년 말의 166조 엔에서 2000년 말의 368조 엔, 2013년 말의 750조 엔으로 10년마다 2배로 증가했다. 여기에 공채 이외의 공적 채무를 포함하면 채무 잔액은 1,000조 엔이 된다. 공적 채무 잔액이 증가한 이유는 간단하다. 경기 부양 대책으로 실시한 재정 지출 증가가 효과를 거두지 못하고 있기 때문이다. 케인스적인 유효수요 창출 정책에서는 재정 지출 증가가 '마중물' 역할을 해서 민간의 경제 활동이 활성화되고, 그 결과 세수가 증가함으로써 재정적자가 해소되는 것으로 상정하고 있다. 그런데 마중물을 아무리 퍼 넣어도 민간의 설비 투자는 증가하지 않고, 가계의 소비 지출도 늘어나지 않고, 경제의 규모는 확대되지 않은 채로 머물러 있다. 재정 면에서 경기 대책의 효과가 나타나지 않는데도 특효약이라고 믿으면서 계속 사용하고 있는 것 자체가 문제 해결을 더욱 어렵게 만들었다.

이는 두 말할 필요도 없이 정치의 책임이다. 정권 기반이 불안정했던 역대 내각은 고이즈미(小泉) 내각을 제외하고는 단기 정권이었는데, 그만큼 잦은 선거 때마다 선심성 재정 지출을 계속했다. 한편으로 소비세 인상에는 소극적이고 세수의 확보 대책은 없이 오로지 인건비 억제에 의한 경비 삭감과 사회보장비 등 정부 서비스 삭감만을 지속했다. 그리고 투자에 소극적인 기업의 요구에 따라 법인세를 감면했으나 그것도 효과는 없었다. 정치자금에 대한 규제가 강화되었다고는 하나 자민당의 정치자금이 실질적으로는 기업 헌금에 의존하고 있었기 때문에 기업이라는 스폰서의 요구를 거절할 수 없어 이러한 정책을 실시했을 것이다. 재계와 자민당은 최근 관계의 친밀도를 한층 더 높이려고 하는 것 같다.

그동안 앞의 〈그림 4-3〉에서 보이는 바와 같이 금리가 대폭 하락하여 공적 채무에 관련된 이자 부담 증가가 억제되었다. 저금리 정책은 경기 대책으로서는 그다지 유효하지 않았지만 대장성(재무성)에게는 재정 수지 균형의 결함을 드러내지 않도록 하는 효과가 있었던 것이다.

그 결과 어떠한 상황이 도래한 것일까? 정부는 경제 성장이 실현되면 문제가 해결될 것처럼 줄곧 성장 전략을 외쳐대고 있다. 한편에서는 재정 수지의 개선을 위해 소비세 인상 등이 불가피하다면서 국민 부담의 증가를 요구하고 연금과 의료 등의 사회복지에 대해서는 '개정'이라는 삭감 조치가 검토되고 있다. 이대로 간다면 일본은 파산하고 만다는 것이 이러한 주장의 말미에 꼭 붙어다

닌다. 이미 언급했듯이, 사람들이 미래에 불안을 느껴 적극적으로 소비를 확대하기보다 미래를 위해 저축을 선택하는 것은 불안을 부추기는 이러한 정치적 발언이 계속되고 있기 때문이다.

기업도 저축 주체라는 기묘한 상황

그러나 일본의 현상은 재정 파탄으로 국제적인 문제가 되었던 그리스의 상황과는 아주 다르다. 무엇보다 큰 차이는 일본 정부의 채무 대부분이 국내에서 보유되고 있다는 점이다. 해외 투자가 입장에서 보면 발행 조건이 엄격하여 별로 투자하고 싶지 않았기 때문인지, 1,000조 엔에 달하는 공적 채무의 대부분이 국내 금융 기관과 정부계 기관 등에서 보유하고 있다. 이 상황을 보여 주고 있는 것이 〈표 4-1〉이다. 이에 의하면, 해외 투자가가 보유하고 있는 국채의 잔액은 발행액의 10%에도 미치지 못하고 대부분을 국내 금융 기관이 보유하고 있다. 최근에는 일본은행의 사상 유례없는 금융 완화 정책에 의한 매입 오퍼레이션[3]으로 일본은행이 보유하는 국채가 전체 국채의 20%에 달하게 되었다. 또한, 금융 중개 기관으로는 유초은행[4]이 주력일 것으로 생각되는 '중소기업 금융 기관 등'의 비율이 매우 높은 점도 눈에 띈다. 민영화로 유초은행이 차지하는 역할을 통계적으로는 확인할 수 없으나, 우정 민영화 이전의 2002년에는 우

3) 중앙은행이 시중은행에서 국채 등의 유가증권을 매입하는 것으로, 매입 대금이 중앙은행에서 시중은행으로 지불되어 통화량이 증가한다.

4) 우정 민영화에 의해 일본우정공사에서 우편저금 사업 부문이 독립하여 2007년 10월 1일에 탄생한 은행으로, 정식 명칭은 주식회사 유초은행(영문명은 Japan Post Bank Co. Ltd.). 참고로 민영화 이전에 우체국은 우편 업무 이외에 우편저금 및 간이보험 업무도 담당하고 있었는데, 민영화에 대한 반대 의견도 많았다. 그러나 2005년의 의회 해산 등 고이즈미 준이치로(小泉純一郎) 총리의 강력한 리더십에 의해 이상의 3부문이 각각 독립 · 민영화되었다.

표 4-1 국채의 보유자별 내역

	2013년 6월		2014년 3월		증감률
	조 엔	%	조 엔	%	%
총액	969	100.0	998	100.0	3.0
금융 중개 기관	604	62.3	587	58.8	-2.8
중소기업 금융 기관 등	169	17.4	159	15.9	-5.9
보험	189	19.5	193	19.3	2.1
국내 은행	137	14.1	130	13.0	-5.1
연금기금	31	3.2	34	3.4	9.7
일반 정부, 공적 금융 기관	95	9.8	88	8.8	-7.4
공적 연금	69	7.1	67	6.7	-2.9
중앙은행	150	15.5	201	20.1	34.0
해외	81	8.4	84	8.4	3.7
가계	23	2.4	21	2.1	-8.7
기타	17	1.8	17	1.7	0.0

출처: 日本銀行 『資金循環統計』에서 작성.

편저금 및 간이보험이 국채의 23.5%를 보유하고 있었고, 그 밖에 재정투융자 자금에서 12.2%, 공적 연금 등에서 6.2%, 일본은행이 15.1%로 합계 57%의 국채를 가지고 있던 것으로 추정된다. 즉, 실제로는 정부 관계 기관 등의 자금으로 국채의 60% 정도를 보유하고 있는 것이다. 더구나 구로다(黑田) 총재가 부임한 후[5] 일본은행이 실시한 금융 완화 정책에 의해 이 비율이 현재는 더욱 상승했을 것이다.

5) 아베노믹스 정책을 일본은행에서 강력하게 추진하고 있는 구로다 하루히코(黑田東彦) 당시 아시아개발은행 총재는 2013년 3월 20일에 일본은행 총재로 부임했다.

그림 4-4 부문별 자금 과부족 추이

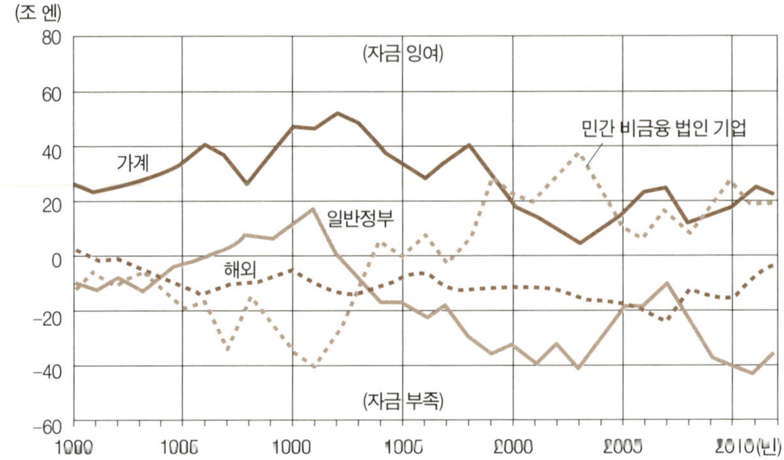

주: 1) 국철청산사업단 · 국유임야사업특별회계의 부채 승계 요인의 조정을 실시(1998년).
2) 재정투융자 특별회계 · 재정융자자금계정(공적 금융 기관으로 분류)에서 중앙정부 부문으로의 적립금에 의한 세입 요인의 조정을 실시(2006년 12조 엔, 2008년 11.3조 엔, 2009년 73조 엔, 2010년 4.8조 엔, 2011년 1.1조 엔, 2012년 1조 엔).
3) 중앙정부에 의한 일본우정(日本郵政)으로의 출자금 증가 등 요인의 조정을 실시(2007년).

출처: 日本銀行 자료에 의해 작성.

이러한 국내 보유를 가능하게 한 자금원은 저축인데, 이 점과 관련해 최근에 매우 특이한 상황이 전개되고 있다. 일본은행이 정리한 자금순환표에 의한 부문별 자금 과부족 추이를 보면(〈그림 4-4〉), 경기 후퇴에 따라 2000년대 초반에 가계 부문의 자금 잉여가 작아졌음을 알 수 있다. 고용 불안정 때문에 가계가 어려워졌는데 그 이상으로 눈에 띄는 변화는 1990년대 중반부터 민간 비금융 부문, 즉 일반기업이 자금 부족에서 자금 과잉으로 전환되어 2000년대에는 큰 저축 주체가 되었다는 점이다.

경제학의 초보적인 교과서에 의하면, 가계는 저축 주체, 기업은 투자 주체로, 가계의 저축이 -증권 시장을 매개로 직접 혹은 금융 기관을 매개로 간접적으로- 투자에 필요한 자금으로 기업에게 제공되어 경제 활동이 전개된다고 설명하고 있다. 이러한 표준적인 설명과 비교하면, 본래 투자 주체로서 경제 성장을 견인해야 할 기업 부문이 여유 자금을 투자에 돌리기보다는 금융 기관에 예치하고 있으므로 매우 특이하다는 말의 의미가 이해될 것이다.

이러한 상황의 원인으로는 1990년대에 지지부진했던 불량 채권 처리 과정에서 기업 부문의 투자 행동이 신중해졌다는 점, 그 결과로 여유 자금이 부채 삭감에 이용되었다는 점을 들 수 있다. 디플레이션의 진행이 실질금리를 그만큼 높이게 되므로, 겉보기와 달리 금융 자산의 보유 자체가 유리한 투자가 된다는 점이 작용했을지도 모른다.

연금 수급에 불안을 느끼는 가계가 목전의 소비를 절약하여 저축을 우선시하고 기업은 부채를 갚고 나아가 여유 자금이 생기면 금융 기관에 예금하기 때문에 국내 금융 기관은 대규모의 자금원을 확보할 수 있었다. 그리고 그것이 일본 정부가 발행하는 국채를 국내 금융 시장에서 인수할 수 있는 조건을 마련해 준 것이다. 역설적이게도 투자처가 없는 상황이 기업을 저축 주체로 기능하게 하고, 그에 의해 정부 채무가 유지되고 있는 것이다.

이상에서와 같이, 정부의 거액 채무는 국내의 가계 저축과 법인 저축에 의해 대부분 국내에서 보유되어 거액의 대외 채무가 발생하고 있지는 않다. 참고로 정부 부문만이 아니라 민간 부문까지 포함한 일본의 대외 채무 잔액은 세계 제1위이다. 세계적으로 보면 가장 부자 나라의 정부가 유례없는 거액의 채무를 떠안고 있는 셈이다.

이자 지불을 위해 저금리 정책을 유지할 수밖에 없다

물론 이처럼 거액의 채무가 누적되면 일본 경제에 중대한 제약 요인으로 작용하게 될 것은 말할 나위도 없다. 2013년도 정부 재정을 예로 들면(〈표 4-2〉), 세입의 경우 조세 수입 43조 엔, 국채 수입 42.9조 엔인 데 비해, 세출의 경우 세입의 약 4분의 1이 국채 이자 지불에 충당되었다. 또한, 29조 엔이 넘는 사회보장비의 삭감과 증세가 불가피하다는 이유를 알 수 있다.

이미 2014년 4월부터 소비세율이 기존의 5%에서 8%로 인상되었고, 2017년 4월부터는 10%로 인상될 예정이다.[6] 그러나 소비세율을 5% 인상함으로써 얻

표 4-2 2013년도 예산 내역

세출		금액(억 엔)	비중(%)	세입		금액(억 엔)	비중(%)
총액		926,115	100.0	총액		926,115	100.0
기초재정수지 대상 경비		703,700	76.0	조세 · 인지 수입		430,960	46.5
	사회보장비	291,224	31.4		소득세	138,980	15.0
	지방교부세	163,927	17.7		법인세	87,140	9.4
	교육 · 과학 진흥	53,687	5.8		소비세	106,490	11.5
	공공사업	52,853	5.7		기타	98,350	10.6
	방위	47,538	5.1	기타		40,535	4.4
	기타	94,472	10.2	연금특례공채		26,110	2.8
국채비		222,415	24.0	공채		428,510	46.3
	지불이자비	99,027	10.7		건설공채	57,750	6.2
	상환비	123,388	13.3		특례공채	370,760	40.0

출처: 財務省『日本の財政關係資料』에서 작성.

는 세수 증가분은 10조 엔 정도에 불과하다. 재정의 프라이머리 밸런스(기초재정수지)를 소비세율 인상만으로 충당하려면 소비세율을 25% 정도까지 인상해야 하고, 1,000조 엔에 달한 공적 채무 잔액을 삭감하기 위해서는 그 이상의 인상이 필요하다.

이것 이상으로 중대한 문제는, 이를테면 '아베노믹스'처럼 경제 성장 추구 정책이 효과를 발휘하여 경제성장률이 호전되고 그에 따라 시장 금리가 정상적인 상황으로 복귀하도록 움직이기 시작하면 금리 1%의 상승이 10조 엔의 국채비 증가로 연결된다는 점이다. 즉, 시장 금리가 1% 상승하여 신규 국채 발행을 위해서는 그만큼 금리를 높여 주어야 한다면 그것만으로 소비세율 5% 인상분이 날아가게 된다. 실제로는 국채 만료 기간이 다양하기 때문에 정부의 국채 이자 지불의 평균액이 금리의 영향을 강하게 받기까지는 적어도 3년 정도가 걸릴 것으로 예상된다. 그러나 그 기간 중에 경제 성장으로 국채비 증가분을 충당할 정도로 세금이 늘어나지 않는 한 정부가 채무 지옥에서 탈출하는 것은 불가능하다. 따라서 경기 회복에 의해 재정 재건을 도모한다는 계획은 실현이 불가능한 공론(空論)에 불과하다.

인플레이션을 목표로 하는 디플레이션 탈출을 위한 저금리 정책, 금융 완화 정책을 변경하려고는 하지 않을 것이다. 그렇게 하면 재정 적자가 더욱더 늘어날 수밖에 없기 때문이다. 인플레이션이 되어도 금리를 올릴 수 없다면 금융 시장의 정상적인 움직임은 저해될 수밖에 없을 것이고 인플레이션을 제어할

6) 최근에는 아베 총리가 2019년 10월로 인상 시기의 재연기를 표명했다. 원래 10%로의 인상은 2015년 10월로 예정되어 있었으나 경기 회복 부진을 이유로 연기된 바 있다.

수 있는 수단이 없어져 버릴 위험이 있다. 성장 전략의 근저에 있는 금융 정책에는 출구가 없는 것이다.

이러한 상태이기 때문에 재정 면에서 보는 한 정부에 의한 충실한 사회복지는 기대하기 어렵다. 오히려 그 삭감에 의해 생활 보장과 사회적인 포섭의 불완전성이 현재화하는 것이 불가피해졌다고 보지 않으면 안 된다. 그러면 가계부문은 스스로를 보호하기 위해 저축을 더욱더 늘리고 소비를 줄여 경기 회복의 걸림돌이 된다.

2 재건의 방법은 있을까?

소비세율 인상은 소비를 냉각시키는가?

그렇다면 이러한 진퇴양난으로부터 벗어날 수 있는 재정 재건의 방책은 있을까? 이 점에 대해서는 '기초재정수지'의 개선과 누적 국채의 처리를 나누어서 생각할 필요가 있다. 일반적으로는 전자에 대해서만 논의가 되고 있으나, 누적 국채를 그대로 두어서는 재건의 길이 요원하기만 하기 때문에 후자에 대해서도 약간 대담하게 논의해 보기로 한다.

첫째로, 기초재정수지란 국채의 원리금 상환 등의 비용을 제외한 부분에서의 수지 균형 조건을 의미한다. 가계에 비유하자면, 대출금 상환분은 우선 별도로 하고, 통상의 가계비와 소득 간의 균형을 취하는 것을 의미한다. 재정으로 말하자면, 조세를 중심으로 한 세입과 사회복지와 교육 등의 공공 서비스를 위한 세출의 균형이 이루어지는 것이다. 다시금 가계에 비유하자면, 대출금의 잔액을 줄이려면 이러한 균형을 흑자로 해서 그 흑자분을 대출금 상환에 충당하는 것인데, 일본의 정부 재정에서 이러한 방법이 실현 가능할까?

앞의 〈표 4-2〉를 다시 한번 보도록 하자. 기초적인 재정 지출은 2013년도 예산에서 70조 엔 정도다. 그에 비해 세수는 43조 엔이므로 이 부분만으로 이미 적자가 27조 엔이다. 이미 설명한 것처럼, 소비세율이 5% 인상될 때 10조 엔 정도의 추가 수입이 가능하다고 하면, 이 적자 전부를 소비세로 충당하려고 하면 15%의 인상이 필요하다. 도저히 생각할 수 없는 숫자는 아니고, 유럽 여러 나라의 관련 세제에서는 이 정도의 높은 세율이 그다지 이상하지도 않다. 다만 그러한 방책을 실시하는 것만이 적절하다고는 생각되지 않는다.

증세론에 대해서는 항상 다음과 같은 반대 의견이 등장한다. 즉, "소비세율 인상은 소비를 냉각시켜 경제 성장에 마이너스 요인이 된다", "법인세율 인상은 기업의 설비 투자를 저해할 뿐만 아니라 대외 경쟁력을 약화시켜 산업의 공동화를 초래할 위험성이 높다"는 것이다. 이러한 주장은 사실일까? 물론 소비세율이 인상되면 단기적으로는 '사재기' 수요가 일어나고 그 직후에는 그 반동으로 매출 저하가 발생하여 경기가 후퇴하는 현상이 나타난다. 2014년 4월의 소비세 인상 전후에도 이와 같은 현상이 발생했는데, 사전에 예상했던 것만큼의 큰 진폭은 나타나지 않았다. 생각해 보면 이는 당연하다. 소비세 인상 전후에 소비에 진폭이 발생하는 것은 충분히 예측 가능하기 때문에 그에 대해 공급자 측이 충분히 준비한다면 큰 문제는 되지 않고 중기적인 시점에서 보면 큰 영향은 없다고 해야 할 것이다. 문제가 발생하는 것은 진폭이 아니라 인상된 만큼 실질적으로는 가계의 소득이 줄어든 것과 같으므로 증세분이 어떻게 사용되는가에 의해 소비의 감소 여부가 결정된다. 예를 들어, 증세를 재원으로 하여 사회보장이 충실해지고 장래에 대한 불안이 줄어든다면 저축 대신에 소비 수준을 유지한다는 행동도 가능하기 때문이다.

법인세 인하는 기업의 투자를 촉진하지 않는다

한편으로 기업의 투자를 촉진하고 일본 산업의 공동화를 회피하기 위해 법인세의 인하가 필요하다고 현재 재계가 강력히 주장하고 있고 아베 정권은 그 요구를 수용하려 하고 있다. 그러나 이러한 방책을 실시하려면 대체 재원을 확보할 필요가 있고 그것이 효과적인 방법이라고 증명되어야 비로소 검토해 볼 여지가 있다. 이와 관련해서 참고가 되는 것이 오부치(小淵) 내각 때 같은 요구를 받아들여 단행한 법인세 감세에 관한 효과이다.

〈그림 4-5〉에서 명백하게 알 수 있듯이, 1990년대 중반부터 법인 기업의 경상이익에 대한 법인세액의 비율은 크게 하락했다. 1980년대에는 50%를 넘어서고 있던 이 비율이 2000년대에는 25% 정도까지 떨어졌다. 그런데 1980년대보다 법인의 경상이익액이 크게 증가하고 있는데도 세액은 감소하고 있다. 세율을 인하해도 투자가 확대되어 세수가 증가하지 않았던 것이다. 기업은 이로 인해 발생한 여유 자금을, 앞에서 말했듯이, 부채 상환에 사용하거나 심지어 은행 등에 예금하여 국채 발행을 지탱하는 역할을 수행했다. 그러나 그것은 법인세 인하로 기대한 효과가 아니었다. 이상의 예에서 보듯이 투자 확대를 위해 세율을

그림 4-5 법인 기업의 세부담 추이

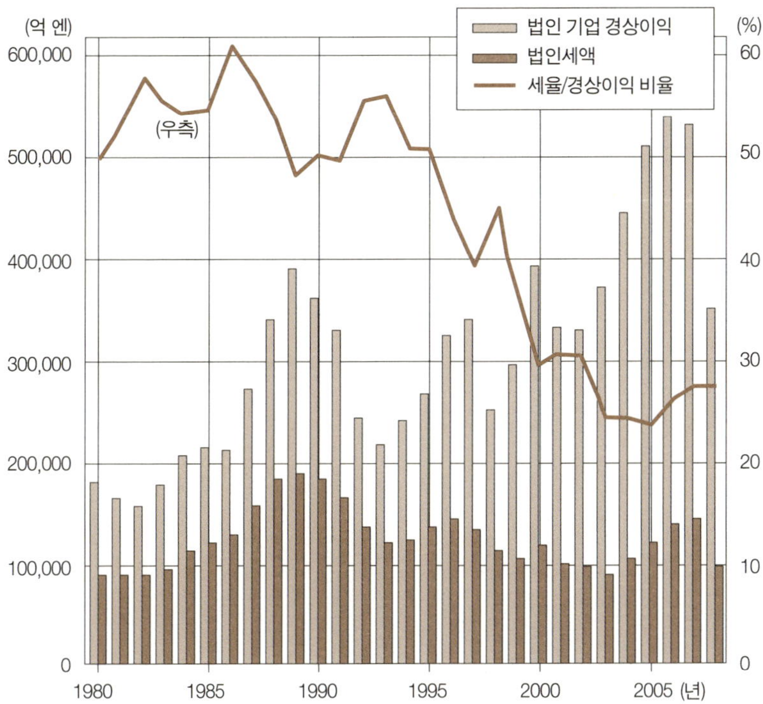

출처: 財務省『法人企業統計』및『法人課說統計』에서 작성.

낮추어야 한다는 주장은 설득력이 없다.

이렇게 되는 이유의 하나는 금리가 낮은 데 있다고 생각된다. 여유 자금이 발생했을 때 기업은 그것을 운용하여 투자가에게 이익을 제공해야 하는데, 금리가 낮은 시기에는 투자가의 요구 수준이 그다지 높지 않기 때문에 그 수준에 맞는 이익을 얻기 위해 위험을 감수할 투자를 회피할 가능성이 있다. 이러한 상황이 거액의 공적 채무를 지탱하기 위한 저금리 정책의 부작용으로 표출된다고도 생각된다.

요컨대, 법인세율이 크게 인하된 1999년 이후, 그에 의해 투자가 확대되고 성장이 촉진되었다는 것을 실증할 만한 근거는 없다. 투자 감세라면 어떨지 모르나 법인세 인하는 부채 상환을 통해 법인을 저축 주체로 전환시키고 정부의 채무를 지탱하는 역할을 하게 만든다. 그렇다면 법인세율이 해외에 비해 높은지 낮은지를 논할 것이 아니라, 법인세는 법인 기업이 '좋은 기업 시민'으로서 응당 부담해야 한다는 관점에서 다시 생각하지 않으면 안 된다. 그런데 법인세의 공식 통계로는 2000년대 후반에 이익을 거두고 있는 법인 기업은 전체의 28~29%에 불과하다. 따라서 나머지 70%의 법인 기업은 적자로 인해 납세의 의무를 지고 있지 않다. 개인에 대한 소득 과세가 엄격하게 징수되고 있다는 점을 생각하면 이 비대칭성은 납득이 되지 않는다. 이를테면 1980년대의 법인 부문의 이익액과 법인세액 관계가 유지되고 있다고 하면 2000년대에는 25조~30조 엔의 세금이 징수되어야 하나, 그것이 10조 엔 정도에 머무르고 있는 것은 이전 수준에서 생각하면 매년 15조~20조 엔의 세금이 탈루되고 있음을 의미한다. 여기에 기초재정수지가 현저히 악화되고 있는 이유의 하나가 숨겨져 있는 것이다. 법인 대신에 현대 경제 이론에서 법인의 '소유자'로 인정되고 있는 주주가 납세 후의 이익에서 얻는 배당금에 대해 과세하는 것도 좋기는 하나 징세 비용을 감안하면 법인 과세가 더 적절한 방법이다.

공적 서비스의 의미는 효율성만으로는 측정할 수 없다

누가 부담하느냐에 대해서는 논란이 있을 수 있으나 증세가 필요하다는 점은 분명한 것 같다. 그러나 이러한 논의가 나오면 반드시 "증세는 어쩔 수 없지만", "그보다 먼저 해야 할 것이 있다"든가, "우선은 정부 부문이 더욱더 절약해야 한다"는 주장이 등장한다. 이 주장에는 타당한 점이 있다. 국회의원 수의 조정 등 공약 사항은 즉시 실시되어야 한다. 그러나 원래 이미지가 앞서서 어디에 문제가 있는지 명확하지 않다. 재정 수지의 구조 면에서 볼 때 규제 완화와 공무원 수의 삭감으로는 도저히 필요한 재정 밸런스에 도달할 수 없고 채무 상환 자금을 조달할 수 없음은 분명한다. 시장주의적인 사고에서 '정부의 비효율성'을 외치면 선거민의 지지를 얻을 수 있다는 안이한 정치 평론이 횡행하고 있는 것처럼 보인다.

정부의 공적 서비스는 원래 민간의 영리 기업 등에 맡겨서는 공급되지 않는 경우가 많고, 그것을 효율성 기준에서 판단하는 것 자체가 문제인 측면이 있다. 그렇지 않다면 민간에 맡기면 되었을 것이다. 예를 들어, 소방서가 효율적으로 운영된다는 것은 어떤 상황을 의미할까? 이러한 정부 부문은 존재해야겠지만 출동 기회가 없는 편이 우리들의 생활에 더 바람직할 것이다. 소방서의 배치 인원이 분주하게 움직이고 있다는 것은 화재나 구급 상황 때문에 출동이 많음을 의미하는 것이므로 오히려 낭비다. 필요 없다고 생각될 정도로 한가한 편이 좋은 것이다. 이러한 조직의 효율성을 생각해 보면, 정부의 활동이 좀 더 효율적이어야 한다는 주장이 타당성을 지니는 경우는 한정되어 있다고 할 것이다.

'인심 좋은 동맹국'보다 우선해야 할 것

자위대도 한가한 편이 좋은 정부 조직인데, 세출 삭감이라는 점에서는 방위 관계 비용에 대해서도 주목해야 할 필요가 있을 것이다. 2013년도 예산에서 방위비로 분류된 4.6조 엔의 경비에는 예전에 '배려성 예산'으로 불리던 주일미군 관련의 경비가 포함되어 있다. 방위성 홈페이지에 공표되고 있는 2014년도 예산 가운데 그 금액은 주변대책비, 시설임대료 등 1,808억 엔과 시설정비비와 특별협정에 의한 노무 부담 등을 포함한 '재일미군 주둔 경비 부담' 1,848억 엔을 합하여 3,657억 엔에 달한다. 그 외에도 오키나와 현민의 부담을 경감하기 위한 경비로 120억 엔, 미군 재편 관계 경비 890억 엔이 계상되어 있다. 이 금액 규모는 미군이 주둔하고 있는 독일, 한국 등과 비교해도 훨씬 커서 일본은 '인심이 좋은 동맹국'으로 불리고 있다. 자국의 방위를 어떻게 할 것인가에 대해서는 논란의 여지가 있으나, 악화된 재정 사정을 고려한다면 적어도 다른 동맹국 수준으로 부담액을 줄여야 할 것이다. 오키나와에 다수의 기지가 집중되어 있는 현실이 오키나와의 지정학적인 위치에 의한 것이 아니라 주둔하는 측의 편의 때문이라는 단순한 사실에도 주목해야만 한다. 그렇지 않으면 국민의 생명과 재산을 지키기 위한 방위비를 염출하기 위해 우리들의 생활 기반을 위협할 사회보장 급부의 삭감 등이 필요해진다. 지역 분쟁 등의 무력 충돌을 상정해서 대비하는 것이 전혀 불필요한 것은 아니지만 그 전에 지켜야 할 생명이 있다. 고용 불안 때문에 자살자가 늘어나고 아이들의 상당수가 빈곤 속에서 살아갈 수밖에 없는 현실, 그러한 눈앞의 문제를 해결하지 않고 만약 일어날지도 모르는 일에 초점을 맞추는 것은 정책 우선도에 명백한 착오가 있음을 의미한다. 이러한 점을 굳이 지적하는 것은 현 정권이 집단적 자위권의 행사를 인정한 각의 결정에서 보인 사고 패턴에 있다고 한다면, 재정 사정에 관계없이 집단적 자위권의 실효성을 확보하기 위해 자위대 장비의 확충이 필요하고 그를 위한 경비에 우선적으로 예산을 배분해야 한다고 주장할지 모르기 때문이다. 그러한 형태로 재정 파탄이 가속화되는 것만은 피해야 한다.

일본은 이미 충분히 '작은 정부'

'정부의 비효율성'을 강조하는 논의 가운데 '작은 정부'가 바람직하다는 입장에서 제기되는 의견도 있다. 그러나 일본을 그 논리로 비판하는 것은 타당하지 않다.

정부 부문이 국민 경제에서 차지하는 규모를 국제적으로 비교해 보자. 〈그림 4-6〉은 OECD 통계에 기초해 정부 부문 가운데 군사 부문을 제외한 일반정부의 고용자 수가 전체 노동력 인구에서 차지하는 비율(2005년)과 일반정부 지출이 GDP에서 차지하는 비율(2006년)이라는 두 가지 지표를 사용하여 정부의 크기를 비교한 것이다. 오른쪽 위로 갈수록 정부 부문의 비중이 큰 것이다.

한눈에 알 수 있듯이, 일본은 공무원 비율이 OECD 국가 중에서 가장 낮은 그룹에 속하며 재정 비율도 멕시코, 한국, 스위스 등에는 미치지 않으나 주요 유럽 나라들에 비해서는 낮은 편에 속한다. 종합적으로 볼 때 선진국 가운데 일본은 작은 정부라고 할 수 있다.

작은 정부인데 재정 수지가 적자라면 그것은 틀림없이 국민의 조세 부담이 너무 낮기 때문이라고 할 수 있다. 이러한 상황을 변화시키려면 정치의 역할

그림 4-6 OECD 국가들의 재정 비율과 공무원 비율의 비교

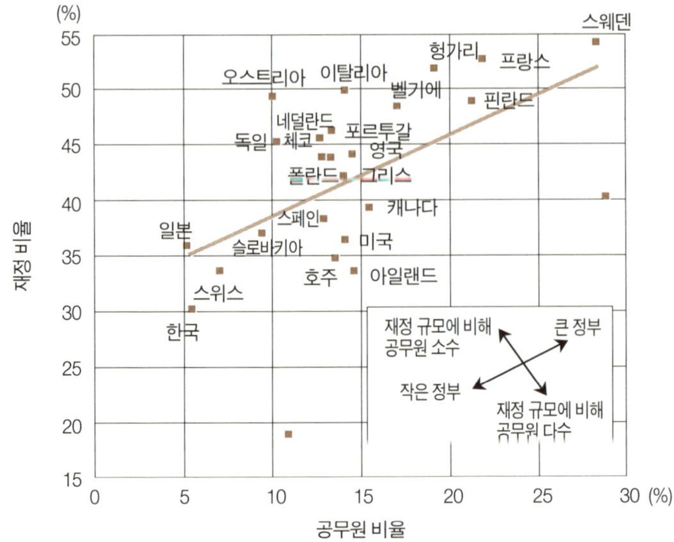

주: 재정 비율은 2006년(혹은 그에 가장 가까운 해)의 GDP 대비 일반정부 지출 비율.
공무원 비율은 2005년 전후의 노동력 인구 대비 일반정부 고용자 수 비율.
출처: 『社會實情データ圖錄』(http://www2.ttcn.ne.jp/honkawa/)에서 작성.
원자료는 OECD, *Government at a Glance 2009*.

이 필요하다. 정권 유지를 위해 선거구민에게 듣기 좋은 말만을 하고 험난한 선택지를 피하기만 해서는 문제가 해결될 수 없다. 쇼와(昭和) 초기에 불황으로 이어지는 금해금(金解禁) 정책[7]을 추진한 하마구치 오사치(浜口雄幸) 총리와 이노우에 준노스케(井上準之助) 대장성 장관은 불황의 도래가 예상되는 이 인기 없

7) 금해금 혹은 금 수출 해금이란 금의 수출 허가제를 폐지하여 금본위제로 복귀하는 정책을 의미한다. 일본에서는 하마구치 내각 하에서 1930년 1월에 이노우에 대장성 장관에 의해 단행되었다가, 세계 대공황에 의한 영향으로 각국이 다시금 금본위제를 이탈하자 1931년 12월에 금 수출 재금지(금해금 정지) 정책으로 돌아섰다.

는 정책을 추진하기 위해 국민을 설득했다. 정치가는 이러한 용기를 가져야 할 것이다. 설득하려 하지 않는 것은 정치가가 국민을 무지하고 어리석은 자라고 생각하기 때문인지 모르나, 그것처럼 국민을 우롱하는 처사는 있을 수 없다. 선거권을 가진 우리들에게는 그러한 용기를 지닌 정치가에게 활약할 기회를 제공할 수 있도록 투표권을 행사하는 판단력이 요구된다. 그런 정치가가 있느냐고? 눈앞의 현실이 그렇다 하더라도 우리들은 그러한 선택 기준을 가지고 정치가를 육성할 필요가 있다. 정치가가 없다면 그들을 육성해 내지 못한 우리들에게 책임이 있음을 명심해야 한다.

경제 성장이 재정 재건에 의미를 가지지 못하는 이유

어쨌든 증세로도 누적 공적 채무를 줄이기는 쉽지 않다. 〈표 4-2〉에서 기초재정수지 대상 경비에 해당하는 조세 수입이 증세로 확보되어도 국채의 이자 지불과 원금 상환을 위해서는 22조 엔이 더 필요하기 때문이다. 기초재정수지를 회복해도 누적해 있는 공적 채무 부분에 대해서는 지속적인 지출이 필요하다. 당연히 그를 위해서는 국채가 발행되고 있다. 22조 엔 가운데 원금 상환으로 쓰일 수 있는 금액은 2013년도 예산에서는 12조 엔이었다. 이 정도 금액을 매년 투입한다면, 현재 누적되어 있는 1,000조 엔의 공적 채무를 모두 상환하는 데 80년 이상이 걸린다. 그런데 1,000조 엔의 채무에 대한 이자가 매년 10조 엔씩 증가하므로 실제로는 매년 2조 엔밖에 국채는 줄지 않게 되고 결국 전부 상환하는 데는 500년이 걸리게 된다.

그러면 경제 성장은 이 문제를 해결해 줄 수 있을까? 가령 5%의 경제 성장으로 대략 크게 보아 세수가 10% 증가한다고 하면 기초재정수지가 균형이 되는 조세 수입 70조 엔의 10%인 7조 엔만큼 세수가 늘어난다. 그것을 모두 상환하는 데 쓴다고 하면, 위의 계산에 7조 엔을 더해 매년 채무 감소는 9조 엔이 되므로 상환 기간은 111년으로 상당히 단축되기는 하나 여전히 매우 긴 시간임에는 틀림없다. 더구나 이 시나리오에서는 경제 성장으로 3년 정도가 지나면 국채의 평균 금리가 상승한다. 가령 금리가 1% 올라가면 지불 이자액은 1,000조 엔의 1%인 10조 엔만큼 증가한다. 그러면 원금을 상환할 수 있는 재원이 모두 없어져 버리게 된다. 즉, 3년 만에 이 시나리오는 파탄에 이르게 된다. 경제 성장이 재정 재건에 도움이 되지 못한다는 것은 이러한 이유 때문이다. 이를 피하려면 이미 말한 것처럼 경제가 확장 국면으로 전환되어도 저금리를 시장에 강제할 수 있는 정책이 필요하다. 이제까지 금융 자유화를 추진해 온 정부가 장기 금리를 낮은 수준으로 유지하도록 하는 개입적 금융 정책, 규제 금리 정책을 실행할 수 있을지 여부는 불확실하다. 그러나 규제 금리 정책의 필요성에 대해서는, 그다지 활발하게 논의되고 있지는 않지만, 전문가들 사이에서는 당연하게 생각되고 있는 듯하다. 그렇지 않으면 이미 발행된 국채의 상환 연기에 필요한 국채 발행 조건이 악화되어 시장에서 매입자가 없어질지도 모른다. 민간 금융 기관이 매입해 주지 않는다면, 쇼와 공황으로부터의 탈출 과정에서 다카하시 고레키요(高橋是淸)[8] 대장성 장관이 사용했던 일본은행 인수라는 '터부'를 건드

8) 다카하시 고레키요(1854~1936년)는 제2차 세계대전 이전 일본을 대표하는 정치가, 관료. 1920년대 초반에 총리를 역임하기도 했지만, 1930년대 초 쇼와 공황 시대의 대장성 장관으로서의 활동이 더 유명하다. 1931년 말 4번째 대장성 장관으로 임명되자마자 금 수출 재금지 정책을 단행하고 정부 지출(군사 예산)을 위한 국채를 일본은행이 인수하는 정책에 의해 미국이나 서유럽 국가들보다 먼저

리지 않으면 안 될지도 모른다.

증세를 넘어 필요한 대담한 결단

상환이 불가능하다고 한다면 어떻게 해야 될까? 가장 단순 과격한 안은 국내 저축에 대해 1회 한정으로 재산세를 매기는 것이다. 즉, 가계와 법인의 모든 예금저금에 대해 전액 과세하여 그것으로 상환하면 논리적으로는 가능하다. 그러나 이 방법은 역시 무리일 것이다. 일반적으로 변제가 불가능하다고 판단되는 채무 누적에 봉착한 경우 개인과 법인은 채무의 변제 계획을 수정한다든지 채무의 포기를 선언한다. 이 방법을 정부에 적용하면 상환 계획과 기발행 국채의 금리 조정이 필요하다는 것을 유추할 수 있다. 그러나 그와 같은 방안을 정부가 꺼내는 순간, 국채 가격이 폭락하여 금융 시스템이 혼란에 빠질 것이라는 당연한 비판이 나와 즉각 없던 일이 될 것이다.

그러나 예를 들어 일본은행과 유초은행 등 정부계 기관이 보유하고 있는 국채에 대해 초장기의 초저리 국채를 교부하여 교환하는 것은 완전히 허황한 이야기는 아니다. 적은 재원에서 염출하여 상환해도 엄청난 장기간이 소요된다고 하면, 예를 들어 정부 기관의 보유 국채에 대해 초장기의 초저리 국채를 교부하여 교환하는 방법으로 실질적인 채무 변제를 동결하는 것을 선택지로 고려해도 좋을 것이다. 구체적으로는 100년 후에 전액 상환하는 금리 0.1%(가능하다면 더욱 낮은 금리)의 국채를 교부하는 방안은 어떨까? 이 국채를 교부받은 일

대공황에서 탈출하게 되었다. 공황으로부터의 탈출이 확실하다고 판단된 1934년부터는 예상되는 인플레이션을 방지하기 위해 군사 예산을 축소하려 하여 군부의 반감을 사게 되었고, 결국 1936년 2·26사건 때 청년 장교에 의해 피살되었다.

본은행과 정부 기관의 대차대조표는 일단 균형이 된다. 물론 그들 기관의 손익 계산서에는 손실이 발생할 것이지만 큰 문제는 아니다. 참고로 2014년도 일본은행의 손익 계산에 의하면 국채 보유에 따른 금리 수입은 8,057억 엔 정도로 세전 잉여금 9,816억 엔의 범위 내에 있다. 이러한 방법이라면 시장에서 유통되고 있는 국채의 가격에 영향을 끼치지 않기 때문에 민간 금융 기관의 대차대조표에는 충격을 주지 않을 수 있다.

굳이 지적할 필요도 없지만, 이러한 방책의 전제는 재정 규율을 엄격하게 준수하는 것이다. 채무를 고정시키는 순간, 또 다른 차입을 시작하게 되면 아무 소용이 없게 된다. 따라서 매년 예산서에 기입되는 국채비는 기발행 국채의 지불이자와 상환비만으로 한정하고, 그것을 조달하기 위해 필요한 만큼만 국채를 발행하도록 해야 한다. 일본은행에 교부하는 국채분에 대해서는 상환비 제로에다 지불이자 비용도 크게 줄이고, 기타 정부 기관의 보유분에 대해서도 같은 방법을 실시한다면 채무의 절반 가량은 상환도 이자 지불도 실질적으로 필요하지 않게 되어 국채비의 필요액도 반감될 것이다.

물론 이러한 방책은 몽상이라는 비판도 있을 것이고, 실현될 수 있다 하더라도 넘어야 할 과제가 매우 많을 것이다. 금융 시스템에 어떠한 영향이 끼칠지에 대해서는 신중하게 검토할 필요가 있을 것이다. 하지만, 이것은 투자가의 이익을 보호하기 위해서가 아니다. 일본의 장래가 우리들의 풍요로운 생활을 보장하는 것이 되기 위해서는 어떤 수단과 절차를 선택해야 하는가 하는 판단 기준을 반드시 지켜야 한다. 대폭적인 증세만으로 기초재정수지를 맞출 수 있을지 모르나 누적 채무는 해소되지 않고 경제 성장으로도 이 문제를 해결할 수 없다면, 어렵다고는 해도 대담한 결단이 반드시 필요하다.

국민은 이미 매년 17조 엔을 국가에 보조하고 있다

증세는 현재 세대가 누적 채무 변제에 대한 책임의 일부를 지고 있다는 것을 의미한다. 그러나 그것은 현재 세대만이 전부 책임질 수 없다. 재정 문제가 세대 간 부담의 불균형이라는 형태로 자주 논의되고 있지만 이러한 논의는 전혀 생산적이지 않다. 논의를 위한 논의처럼 생각된다. 경제학자풍의 사람들이 늘어놓는 그럴듯한 의견만큼 궤변은 없다. 우리들은 예금저금으로 국가의 채무를 지탱하고 있다. 그 예금저금도 우리들의 다음 세대에게 상속된다. 국가 채무뿐만 아니라 예금저금도 다음 세대에 상속되는데 우리들은 정말로 다음 세대에게 부담만을 남기는 것일까? 증여와 상속의 경우 부채액은 상속 자산에서 공제된다. 차세대가 현재 세대로부터 상속 또는 증여받은 채무라는 부담과 자산으로서의 예금저금을 상계하면 얼마간의 플러스가 된다. 때문에 "차세대에 채무만을 남긴다"는 경제학자의 비판은 적절하지 않은 것이다.

그뿐만이 아니다. 우리들은 증세가 실시되지 않은 상태에서도 거액의 부담을 통해 재정을 지탱하고 있다. 그것은 다음과 같은 경로를 통해서이다. 일본은행의 자금순환표에 의하면, 2014년 3월 말의 가계 부문 예금저금 잔액은 865조 엔(증권 등 모든 금융 자산을 포함하면 1,630조 엔), 민간 비금융 법인 부문의 현금저금은 232조 엔이다. 이들 예금저금의 합계액 1,100조 엔이 저금리 정책에 의해 저리로밖에 운용되지 않는 예금저금이다. 물론 법인 예금 등 대규모 예금은 그 나름대로 금리가 붙을지도 모르겠다. 그 경우 대규모 자산이 유리하게 대우

받고 영세한 개인 예금은 찬밥 신세가 되고 있다고 할 수 있다.

이들 금융 자산은 국채 발행 조건을 정부에 유리하게 할 목적으로 지속되는 저금리 정책에 의해 저리의 운용을 강요받고 있다. 저금리가 민간 투자를 효과적으로 자극하지 못한다는 것은 1990년대 이후의 역사가 잘 보여 주고 있다. 재정 정책과 금융 정책도 한계가 있다. 그렇다고 하면 저금리 정책의 효과는 국채 발행에 의한 재정 부담의 경감뿐이라는 결론에 이른다. 그리고 그 저금리는 대출 금리와 증권의 수익률에도 영향을 끼칠 뿐만 아니라 금융 기관에 예치되어 있는 예금저금에 대해서도 저리를 강요한다. 가계 부문의 예금저금에 붙는 금리가 현재 연 1%에도 미치지 못하고 있는 것은 재정의 국채비 부담을 작게 하기 위한 것과 관련이 깊은 것은 확실하다.

이러한 현실을 뒤집어 보면, 우리들이 얼마만큼 재정 재건에 공헌하고 있는가를 알 수 있다. 즉, 가계 부문의 예금저금에 가령 2%의 금리가 지불된다고 하면 가계의 금리 수입은 17조 엔이 된다. 그리고 그것과 연동해서 국채 발행 조건의 금리도 2%로 상승된 상태를 상정한다면 1,000조 엔의 2%, 즉 20조 엔의 국채가 추가로 발행될 필요가 있다. 바꾸어 말하면, 정부 재정의 부담을 작게 하기 위한 저금리에 의해 가계 부문은 매년 17조 엔의 보조금을 정부에 지불하고 있는 셈이다.

장래에 대한 불안 때문에 선호되고 있는 예금저금은 금리를 기대할 수 없고 원금만 상환될 뿐인 매몰 자산이 되어 있다. 현재 퇴직 연령에 도달하여 연금의 수급과 축적 자산의 인출로 생활하게 되는 단카이(團塊) 세대[9]는 지금까

9) 제2차 세계대전 직후인 1947~1949년에 출생한 제1차 베이비 붐 세대. 이 기간에 출생자는 806만

지 열심히 모아온 예금저금에 변변한 이자도 붙어 있지 않은 상황에 처해 있다. 그 금액만큼 추가적으로 부담하고 있는 것이다. 이 설명이 잘 다가오지 않는다면, 예금저금의 금리에 전액 과세되고 있다고 생각해 보라. 현재의 세대가 재정 악화를 방지하기 위해 얼마나 공헌하고 있는가를 이해할 수 있을 것이다.

그러나 이러한 부담의 문제는 그러한 생활에 직면하고 있는 사람들의 생계를 어떻게 지탱할 것인가 하는 또 다른 문제를 제기한다. 그것은 고령화 사회의 도래라는 문제와 중첩된다. 다음 장에서는 그 문제에 대해 생각해 보자.

명에 달했다. 이들은 문화적이나 사상적인 면에서 공통되는 전후(戰後)세대를 형성하였는데, 이 세대의 그러한 공통된 특성에 주목한 堺屋太一(사카이야 다이치)의 『베이비 붐 세대』(團塊の世代)라는 소설에서 이 용어가 유래했다. 이 세대는 최근의 고령화 사회 문제와도 밀접한 관련이 있다.

제5장

경제 성장의 가능성을 생각한다(3)
-고령화의 의미

제5장

경제 성장의 가능성을 생각한다(3) –고령화의 의미

1 고령화에 따른 불안

생산연령 인구 비율의 하락은 큰 문제가 아니다

재정 문제와 마찬가지로 불안해하는 문제가 고령화 사회의 도래라는 것이다. 10년 후에는 65세 이상 인구 비율(고령화율)이 30%를 넘어서는 고령화 사회가 도래할 것이라고 예측되고 있다. 더 나아가 2050년에는 고령화율이 40% 가까이 되고 인구는 현재보다 3,000만 명 적은 9,500만 명 정도로 줄 것이라고 한다. 우리가 이제까지 경험하지 못한 시대에 직면하게 된 듯하다.

그러나 진짜 문제는 어디에 있을까? 연금 생활이 보통인 65세 이상 인구 비율의 상승에 의해 그들이 건강하고 문화적인 생활을 유지할 수 있는 조건을 어떻게 갖출 수 있을까 하는 문제가 제기된다. 앞 장에서 본 것처럼, 재정이 파탄 상태에 있어 쉽게 해결 방법을 찾아낼 수 없는 이상 충분한 급부를 기대할 수 없는 것이 확실하기 때문일 것이다.

그림 5-1 인구의 연령 구성과 취업자 비율

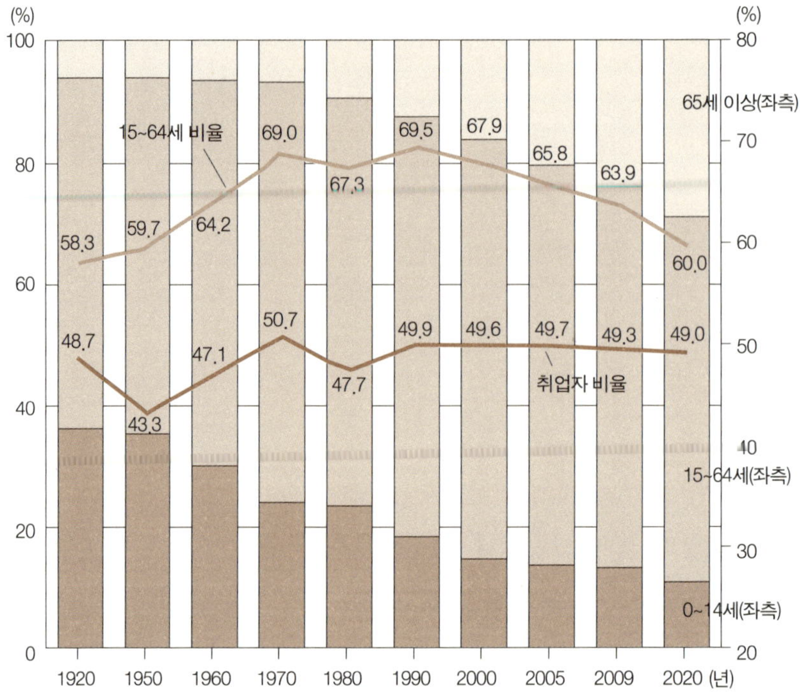

출처: 總務省 자료에서 작성.

생산 활동에 종사하는 연령층의 비율이 낮아지기 때문에 큰일이다라고 하는 막연한 불안이 이러한 생각의 배경에 있다. 그러나 그렇게 문제를 바라보는 것은 명백한 오류이다. 그것은 과장된 측면이 강하기 때문이다.

생산연령 인구(15~64세의 인구)의 비율은 〈그림 5-1〉의 그래프에 표시한 것처럼, 1920년에는 58% 정도였는데, 제2차 세계대전 후 고도성장기 중반 이후에 베이비 붐 세대가 성년이 되면서 그 비율이 상승하여 70% 가까이 된 후 1990년부터는 확실히 하락하고 있다. 제2차 세계대전 후의 베이비 붐 세대가 고도성장기에 청년층 노동력으로 추가된 것이 이 시기의 경제 성장에 플러스 요인이 되었다는 점은 '인구의 보너스'로 잘 알려져 있다.

그러나 생산연령 인구 비율이 대폭 하락한다고 하는 2020년의 예측치는 장기적으로 볼 때 1950년 수준으로 돌아가는 정도이다. 이는 간과하기 쉽지만 매우 중요한 사실이다. 그 무렵 15세 미만의 인구 비율은 전체의 1/3을 넘어섰다. 그것은 미래 사회에서 예상되는 고령화율보다 높다. 생산연령 인구의 비율이 '미증유의 낮은 수준'에 있다고 하는 것은 오류이다. '경험한 적이 없는' 것은 노동력 인구 비율이 낮다는 것이 아니다. 〈그림 5-1〉을 보면 가운데의 생산연령 인구(15~64세) 비율은 그다지 크게 변동하고 있지 않다는 점, 그리고 어린이의 감소와 고령자의 증가가 대조적으로 나타나고 있다는 점을 알 수 있다.

취업자 비율로 보자

문제를 명확하게 하기 위해, 도대체 한 사람의 생산 활동으로 몇 명을 부양할 수 있는지를 생각해 보자. 이 질문에 답하기 위해서는 총인구에 대한 취업자 인구의 비율을 구해 보면 좋을 것이다. 일하고 있는 사람들의 노동 성과가 나라 전체의 총산출량이고, 그것이 배분되어 사람들의 생활을 유지하고 있다. 이 기본적인 관계를 생각한다면 취업자 인구 비율은 매우 알기 쉬운 지표이다. 이 자료도 〈그림 5-1〉에 표시되어 있다.

국세 조사의 기록이 남아 있는 1920년 이후를 보면, 이 비율은 1920년에

49%에 조금 못 미쳤던 것을 알 수 있다. 그 후 제2차 세계대전 후의 베이비 붐으로 15세 미만층이 증가하기도 해서 그 비율은 43%까지 하락했다가 고도성장기에 50%를 조금 넘는 수준까지 상승했다. 여기서도 인구 보너스가 작동한 것처럼 보인다. 그 후 다소 변동은 있지만, 1990년부터는 49%대를 유지하고 있어 10년간에 0.3%씩 하락하는 정도에 불과하다는 것을 알 수 있다. 이 데이터로부터 대략 100년간에 걸쳐 한 사람이 일을 해서 적어도 두 사람의 생활을 유지하는 정도의 생산과 소득을 가져왔다고 말할 수 있다. 그래도 완만하기는 하지만 역시 하락하고 있지 않느냐고 반론하는 사람이 있을지 모르나, 10년에 0.3% 정도의 차이는 생산성 상승으로 메울 수 있고 실제로 생산성 상승의 목표로는 상당히 낮은 수치이다.

취업자 인구 비율의 하락 폭이 작고 생산연령 인구 비율의 하락 폭 정도로 현저하지 않은 이유는 여성 취업자율이 1970년의 38%에서 2009년에는 42%로 상승한 것과 65세 이상의 취업자가 증가한 데 있다. 생산연령에 포함되는 15~20세에서는 취학률이 높기 때문에, 고령 세대의 유업률 상승은 일손 확보라는 점에서 큰 의미가 있는 셈이다. 또한, 여성의 취업자 비율 상승도 바람직한 현상일 것이다. 여성들이 사회에 진출하는 한편 고령자가 일할 기회를 얻게 되는 것은 그 자체로 우려할 만한 변화가 아니라 오히려 환영해야 하는 현상이라고 생각된다. 그러한 변화가 고령화 사회에서 발생함으로써 사회를 지탱하는 생산활동의 담당자가 생겨나는 것이다. 즉, 일하는 사람이 없어진다는 말은 일본의 미래상을 표현하는 데 적절하지 않다는 것이다. 그렇다면 무엇이 문제일까?

2 한 사람이 또 한 사람을 부양하는 사회

'자녀를 키우는 사회'에서 '고령자를 부양하는 사회'로

통계적으로 관찰할 수 있는 범위 내이기는 하지만, 거의 100년간 일본에서는 "한 사람이 두 사람의 생활을 유지할 수 있는 노동"을 해왔다. 그동안 괄목할 만한 생산성 향상이 있었는데도 그 성과로 일하는 사람의 비율은 줄지 않았다.

물론 생산성이 증가함에 따라 제2차 세계대전 후에는 1인당 노동 시간이 감소하는 경향에 있었다. 그러나 사람들은 노동 시간의 단축 이상으로 소득 증가를 원했기 때문에 일하는 사람의 비율은 줄지 않았던 것이다. 생산성 상승분을 소득에 반영하기 위해 여가를 즐긴다거나 일하는 시간을 줄이는 데는 소극적이었다. 그러한 방법이 각자의 생활의 질을 향상시켜 '풍요로운 사회'에서 살 수 있게 된다고 생각했기 때문이다.

생산성 상승의 성과는 생산 활동뿐만 아니라 가사 노동에도 나타나고 있다. 제2장에서 상세하게 설명한 것처럼, 섀도 워크가 되어 자칫 잊기 쉽지만, 가사 노동에서 발생한 변화는 매우 컸다. 주부는 취업자에는 포함되지 않지만, 사회적으로 보면 매우 중요한 노동을 계속해 왔다. 고도성장기에 가정용 전기제품 등이 보급되어 가사 노동의 생산성이 상승함으로써 '전업주부'들의 일은 크게 줄어들었다. 그에 따라 가사를 분담하고 있던 자녀들과 동거 부모들의 부담도 작아졌다. 동시에 그것은 부모와 별거할 수 있게 해서 핵가족화가 진전되는 기반이 되었다.

그러한 변화가 누적되는 가운데 자녀들은 수입원에서 양육의 대상으로 변해 갔다. 예전에는 10살이 넘으면 일터로 나가야 했던 자녀들이 학교에 다닐 기회를 가지게 되었다. 자녀들의 수입을 포기하고 가계의 생활이 다소 어렵더라도 부모들은 자녀들에게 교육 기회를 주면서 자신의 노동 시간 단축을 우선하지 않았다. 그래도 충분히 풍요로운 생활에 근접할 수 있었던 것이다. 자녀들을 양육하는 일이 자녀들에게 바람직한 미래를 제공하는 일이었기 때문이다.

관점을 바꾸어서 보면 현재 직면하고 있는 변화란 고도성장기에 만들어진 "자녀를 키우는 사회"에서 "고령자를 부양하는 사회"로의 전환이다.

자녀를 키우는 사회에서는 가족생활 속에서 필요한 부담을 거의 감당할 수 있었다. 그런데 고령자를 부양하는 사회에서는 가족이라는 최후의 보루가 기능하기 어렵게 되어 있다. 핵가족화가 진전되어 고령자 가구에서는 가족을 부양하는 사람이 점차 없어지게 되고, 결국 저축과 사회급부에 의존하지 않을 수 없다. 더구나 나이를 먹어 갈수록 의료비 부담은 가중되어 고령화 사회의 미래상에 어두운 그늘이 지고 있다. 핵가족화가 늘어나기 시작하던 무렵에는 평균수명이 간신히 60세를 넘어선 정도여서 부모를 돌본다고 하더라도 요즘처럼 노인이 노인의 수발[1]을 드는 사례는 희귀했기 때문에 문제가 표면화되지는 않았다.

1) 원문은 개호(介護, 가이고)인데, 고령자 · 환자를 돌보는 것을 의미함. 비슷한 용어로 개조(介助, 가이조)가 있는데, 개조가 신체적인 행동을 지원하는 의미가 강한 데 비해 개호는 개호복지, 방문개호 등과 같이 좀 더 넓은 의미로 쓰이고 있다. 그러나 여전히 개념을 둘러싼 논의는 아직도 남아 있는데, 간호(看護)의 일부라는 주장도 있다. 우리나라에서도 최근 개호라는 용어를 직접 쓰는 경우가 있으나, 이 책에서는 의미에 따라 간호, 노인 간호, 수발, 간병, 돌봄, 도움 등으로 번역한다.

그런데 이제 우리는 고령화한 사람들을 누가 돌보는가의 문제에 직면해 있다. 그것은 연금 등 경제적 기반을 지탱하는 것과는 별도로 새로운 일을 할 사람이 필요하다. 그리고 그 일에는 그 나름대로 전문적인 지식과 경험이 필요하다.

자녀들을 키우는 데는 부모로부터 물려받은 지혜가 있었다. 핵가족화가 그 전통을 약화시켰다고도 하지만, 엄마들 모임에서의 정보 교환과 인터넷에서 넘쳐나는 정보가 도움이 되었다. 그래도 '육아 노이로제'는 피할 수 없는 현실 문제였다. 첫 애를 키우고 나서 사람들은 '엄마답게', '아빠답게' 되는 법이다.

그런데 노인을 돌보는 일에는 전승할 만한 가족의 지혜가 없다. 경험자들이 차례차례 늙어버려 도움을 받아야 할 대상으로 되기 때문이다. 돌보는 사람들이 그것을 개인 문제로 처리하려고 하면 경험한 적이 없는 상황에 부닥치게 될 수밖에 없다. 더구나 육체적으로 쇠약해져 병에 걸릴 위험도 늘어나고 있기 때문에 그 변화를 정확하게 파악하여 적절하게 대처하는 것은 쉽지 않은 일이다. 따라서 그에 필요한 노동력을 사회적으로 정확하게 확보하고 개인 문제로 끌어안고 있는 사람들의 어려움을 도와 줄 수 있는 방안이 필요하다.

가족을 대신할 수 있는 것이 필요

그렇다고 하더라도 의료와 간호 서비스가 필요하게 되면, 그에 대응하여 공급 측에 소득이 발생하게 되므로 거시적으로 보면 일방적인 부담 증가만은 아니다. 그러한 고용 기회가 늘어나면 장기적으로 총인구의 절반이 취업자라는 상태가 극적으로 변화하여 한 사람이 부양해야만 하는 사람 수가 급증하는 사태는 일어나지 않을 것이다. 또한, 그 과정에서 소득이 발생하면 사회적인 급부의 재원이 되는 납세자 수가 급속히 감소하는 사태도 일어나지 않을 것이다.

따라서 그 점이 문제가 아니라 일하지 않는 또 한 사람을 지탱하는 구조로서 가족 · 가계가 더 이상 기능하지 않게 되었다는 점이 문제이다. 가족을 대신할 수 있는 것이 필요해졌다. 반복하지만, 문제는 일하는 사람 수가 줄어든다는 것이 아니다.

가족의 존재 형태 변화는 〈표 5-1〉에 잘 나타나 있다. 여기서는 자녀가 없는 가족(부부만의 핵가족) 비율이 상승하고 있는 것을 볼 수 있다. 동시에 인구 증가가 멈췄는데도 가구 수가 증가하는 경향에 있는 것도 주목할 만하다. 그것은 단독 가구가 늘어나고 있기 때문이다. 가사 노동이 간편해지고 사회적으로 유의미한 노동 기회를 선택할 수 있는 여성들이 증가하고 있는 것이 일본에서 단독 가구의 비율을 상승시키고 있는 요인이다. 1980년 이후 30년간 그 비율은 19.8%에서 32.4%로 급상승했다.

여기에서도 확실히 고령화는 진전되고 있다. 고령화된 부부 2인 가구만이 아니라 단독 가구가 늘어나고 있기 때문이다. 2010년에는 세대주가 65세 이상인 단독 가구의 비율도 30%에 달했다. 가구의 1/3이 세대주가 65세 이상이고 그 가운데 30% 정도가 혼자 살고 있는 것이다. 자식을 양육하는 사회에서는 자식만의 가구는 생각할 수 없었지만, 고령자를 부양하는 사회에서는 그것이 특별한 경우이지 않게 된 것이다.

혼자서 자립적으로 생활할 수 있다면 각자의 선택으로 생각할 수 있다. 그

표 5-1 가구 수의 추이

(단위: 1,000)

		1980년	1990년	2000년	2010년	2020년 예측
핵가족 가구		21,594	24,218	27,332	29,278	30,189
	부부만	4,460	6,294	8,835	10,269	11,037
	부부와 자녀	15,081	15,172	14,919	14,474	13,814
	편부모와 자녀	2,053	2,753	3,578	4,535	5,338
단독 가구		7,105	9,390	12,911	16,785	18,270
기타 가구		7,124	7,063	6,359	5,779	4,594
합계		35,824	40,670	46,782	51,842	53,053
단독 가구 비율		19.8%	23.1%	27.6%	32.4%	34.4%
세대주가 65세 이상인 가구		4,330	6,576	11,136	16,200	20,060
	단독 가구 수	885	1,623	3,032	4,980	6,679
	단독 가구 비율	20.4%	24.7%	27.2%	30.7%	33.3%
세대주가 65세 미만인 가구		31,494	34,094	35,646	35,642	32,993
	단독 가구 수	6,220	7,767	9,879	11,805	11,591
	단독 가구 비율	19.7%	22.8%	27.7%	33.1%	35.1%

출처: 國立社會保障・人口問題研究所 『日本の世帶數の將來推計』 2013에서 작성.

러나 유아기 자녀들에게 부모의 보살핌이 필요하듯이 고령자에 대한 임종 간호(terminal care)가 언젠가는 필요해진다. 그리고 그것은 가족에게 맡길 수 있는 상황이 반드시 아닐 수도 있다. 그러한 배경에서 가족이 이제까지 해왔던 일 가운데 시장을 경유해서 서비스 산업 등으로 제공되는 부분이 늘어날 것이라는 예측이 가능하고 또 실제로 필요하다. 물론 자신의 부모는 자신이 돌보고 싶다는 사람도 있을 것이다. 그러한 선택지도 보장해 주지 않으면 안 되나, 마치 여성의 사회적 진출에 대응해서 충실한 보육 서비스가 필요하듯이 고령자의 간호를 위한 새로운 서비스 수요를 충족시킬 필요가 있다.

그 필요에 대응하기 위해서는, 핵가족에서 자녀들을 양육하기 위한 비용이 당연하게 소득의 일부에서 지출되었으므로, 저출산으로 줄어든 부담분을 과세에 의해 노인 간호 등의 사회적 급부 재원으로 확보하는 것이 필수불가결할 것이다. 이렇게 하여 '고령자를 부양하는 사회'에서는 그 비용을 사회적으로 떠받치는 구조가 만들어지는 것이다. 바꾸어 말하면, '또 한 사람'을 지탱하고 있던 소득의 일부를 사회적으로 재분배하는 구조가 결여되어 있으므로 그 부분을 정비함으로써 기본적인 문제는 해결된다는 것이다.

이러한 해결 과정이 명확해지려면 시장 구조와 제도의 재설계가 필요할 것으로 보인다. 물론 가족에 의한 자녀의 양육이 비시장적 관계에 의해 지탱되던 것과 마찬가지로 고령자 부양 수요가 반드시 금전적인 소득을 발생시킬 필요는 없다. 사회의 구성원들이 살아가는 구조 가운데 많은 부분을 예전에 가사에 의존했듯이, 모든 것이 금전적인 소득을 얻는 노동이 아니라도 서로 의지하는 구조는 구축될 수 있다. 예를 들어, 그것들의 일부가 비영리적인 조직에 의해 좀 더 싸고 질 좋은 서비스로 제공될 수도 있다. 아직 건강한 고령자들이 인생 선배들을 돌보는 것도 나쁘지 않다. 그래도 생활의 질은 유지된다. 그러한 경우에는 간병하는 사람들에게 '간병이용권'을 주어 장래 간병이 필요하게 될 경우에 그 서비스를 받을 수 있도록 하는 방법도 좋은 아이디어라고 생각된다.

'또 한 사람을 지탱하는 사회'에 대한 모색

구체적인 방법은 여러 가지가 있지만 가장 중요한 점은 자신 이외의 또 한 사람을 지탱할 만한 노동 기회가 보장되도록 하는 것이다. 그 일하는 방법은 반드시 금전적인 소득이 수반되지 않아도 좋지만, 그러한 무상 노동이 과반을 점하게 되지는 않을 것이다. '자녀를 양육하는 사회'와 '고령자를 부양하는 사회'의 기본적인 차이는 가족이라는 버팀목에 과도하게 기댈 수 없다는 것이다. '전업주부'와 같은 통념에서 벗어나 남녀 모두 각각의 능력에 맞게 일하는 방법을 찾아내는 편이 각자에게 행복한 생활이 될 것이라는 판단이 그 기반에 있다. 그것이 바람직스러운 향후 일본의 사회상이라고 생각된다. 고령화 사회가 되어 노동력이 부족해질 것이라는 우려를 불식하기 위해서도 여성들이 사회적으로 활약할 수 있도록 하는 것이 필요하다. 동시에 고령자들이 각각이 지닌 경험과 지혜를 살릴 수 있도록 하는 것도 중요하다. 린치(Caitrin Lynch)의 『고령자가 일한다는 것』(*Retirement on the line*)이라는 책이 있는데, 거기에는 종업원 두 명 가운데 한 명이 74세 이상인 종업원으로 구성되어 있으면서 성장하고 있는 기업이 소개되어 있다. 나이를 먹으며 진전되는 육체적 조건의 변화는 사람마다 다르고 경제적인 조건도 상이하므로, 느긋하게 여생을 즐기는 것도 하나의 방법이고 하고 싶은 일을 계속 하는 것도 하나의 방법이라는 식으로 다양한 선택을 할 수 있는 상황을 만드는 것에 의미가 있다. 이러한 조건이 정비되면 또 한 사람을 지탱하는 일이 '섀도 워크'의 형태가 아니라 시장에서의 거래와 교환의 대상이 될 수도 있고 또 그렇게 될 필요성도 확실히 증대되고 있다.

또 한 사람을 지탱하기 위해서는 생산성의 향상을 추구하면서 그 성과를 소득 증가에서 찾아 노동 시간을 연장하는 것이 아니라 또 하나의 노동을 선택하는, 각자가 자신의 일할 수 있는 시간을 분할하는 것도 필요할 것이다. 지금도 가사와 자녀 양육을 직장과 양립시키고 있는 사람들이 있다. 직장 일을 하면서 여가 시간에 자원봉사하는 사람도 있다. 아직 소수이지만 자녀를 양육하는 '이쿠멘'[2]도 늘어나고 있다. 그것을 생각하면 생활과 일의 균형을 고려한 노동 방법은 충분히 실현 가능한 방안이고, 그것을 제약하고 있는 조건을 조금씩 제거해 가는 사회적 노력이 필요하다는 것을 깨닫게 된다.

연금 제도의 혼란은 안타까운 일이나, 그것은 일본 사회가 유지될 수 없어서 파탄으로 향한다고 하는 암담한 시나리오가 불가피함을 의미하는 것은 아니다. 다시 말하면, 필요한 것은 또 한 사람을 지탱하는 사회적인 구조이다. 최근 100년간 줄곧 우리들이 가족 안에 감싸 안고 있던 문제가 현재화된 것뿐이라고 생각하면 좀 더 좋은 지혜가 떠오르지 않을까?

3 불안정 취업에 의한 저임금이 실상인 청년 고용

프리터, 니트의 본질을 제대로 보고 있는가?

고령화 사회를 유지할 수 있는 기본 조건(적어도 두 명에 한 명의 비율로 안정적인 고용 기회를 제공하는 것)의 충족을 방해하고 있는 것은 노동 인구의 부족이 아니라 일하려는 의욕의 저하라고 생각된다. 이 점에 관련해서 생각해 둘 필요가 있는 문제가 있다. 청년층의 실업률이 높다는 점, 비정규직 노동의 증가에 따라 생기는 고용의 불안정성과 저임금이라는 것이다.

2) 양육(養育)의 육(育, 이쿠)과 남자(men)를 합친 신조어.

그림 5-2 연령별 완전실업률 추이(연평균)

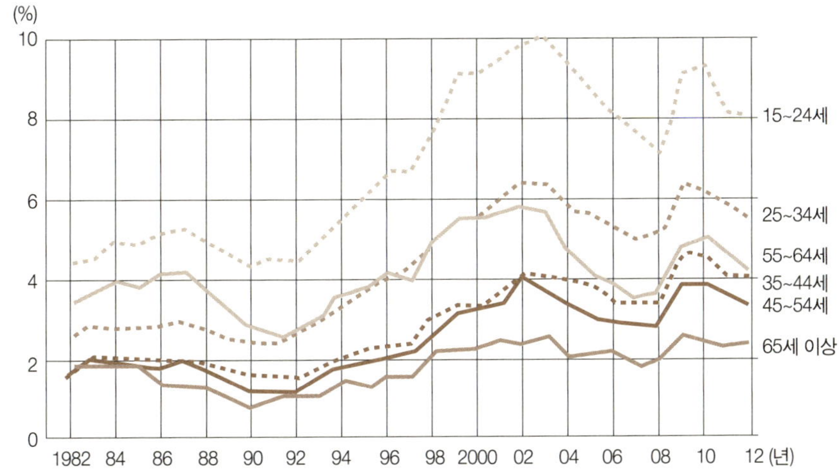

출처: 總務省統計局 「勞動力調査」에서 작성. 2011년은 '동일본 대지진'이 발생한 이와테(岩手), 미야기(宮城), 후쿠시마(福島) 현의 추계를 포함.

총무성의 「노동력 조사」에서 연령별 실업률의 추이를 보여 주는 〈그림 5-2〉에 의하면, 1990년대 이후 전체적인 실업률 상승에 따라 15~24세 실업률이 급상승하여 8~10%에 달한다. 뒤이어 25~34세, 그리고 55~64세인데, 55~64세의 경우 최근 정년 연장의 움직임도 있어 25~34세 실업률과의 차이가 벌어지고 있다. 이러한 상황을 어떻게 생각해야 할까? 그런데 그래프에서 알 수 있는 중요한 사실은, 15~24세라는 노동력 인구의 입구에 있는 청년층의 실업률은 원래 다른 연령층보다 높다는 점이다. 그것은 어떤 직장에서 일할까, 혹은 무슨 일을 할까라는 문제에 직면한 청년층의 고민과 시행착오를 표현하고 있는 면이 있다. 연령이 높아지면서 실업률이 하락하는 것은, 예전의 장기 고용을 전제로 한 일본 기업의 고용 제도 하에서 중년 이상이 되면 전직 기회도 거의 없기 때문에 어쩔 수 없이 현직에 머무를 수밖에 없다는 상황을 반영하고 있다고 할 수 있을 것이다.

프리터, 니트 등 청년층의 고용 상태에 대해서는 여러 문제점이 지적되었다. 그러나 그 대부분은 하나의 일을 제대로 계속하지 못하는 상태를 "문제가 있다", "개선해야 한다"고 규정해 버리는 주장이었다고 생각된다. 이러한 이해가 적절한 것일까?

이미 제2장에서 언급한 것처럼, 고도성장기의 자녀들은 좀 더 높은 교육을 받아서 부모 세대보다 상위 사회 계층으로 이동하는 것을 기대할 수 있게 되었다. 그 앞에는 대기업의 정규직 사원이 된다는 모습이 그려져 있었다. 대기업의 높은 임금과 좋은 복리 후생은 장래 풍요로운 가족생활의 질을 보증하는 것이었다. 연공제 임금과 장기 고용에 기반한 대우는 단지 개인의 경제적인 성공을 의미하는 것만이 아니라 사회적인 평가를 높이는 데도 기여하여 그 기업의 어떤 직위까지 승진하는가가 관심사이기도 했다. 회사는 '높은 임금'과 '지위'라는 보상을 주었던 것이다. 따라서 사회적인 귀속 계층을 뚫고 상승할 수 있었던 고성장 경제에서는 취직을 하는 것은 취사(就社)하는 것, 즉 회사를 선택하여 취업 생활을 통해 뼈를 묻는 장소를 고르는 것이었다. 그것이 사회적인 성공을 의미하는 것으로 이해되는 통념이 공유되었기 때문이다.

그러한 시대의 기억에서 판단하면, 취사의 프로세스가 원활하지 않아 고민하고 있는 청년들의 모습에 위화감을 느끼는 어른들이 있는 것도 당연하다고 생각된다. 그러나 지금 그 정도 생활의 질을 보증할 만큼의 '바람직한 취직의 기회'를 기업이 제공하고 있을까? 기업은 장기 고용을 수정해 '해고의 자유'를 요구하는 방향으로 변해 가고 있다. 장기간 불황이 계속되는 가운데 기업은 고용의 유동성을 요구하고 비정규직 종업원을 늘리고 노동자의 생활에 대한 배려가 없어졌다. 언뜻 보면 유동성이 높아지고 있는 듯이 보이지만, 현실은 같은 계층 안에서 우왕좌왕하고 있을 뿐인 불안정한 상태이다. 청년층에게는 사회적인 통념으로써 장래 자신의 모습이라는 것이 보이기 어려운 시대가 되었다고 할 수 있다.

원래 일생 동안 할 일을 20세 전후에 결정해서 바꿀 수 없다는 것이 이상한 상태였는지도 모른다. 그렇게 생각한다면, 직장의 선택에 고민을 거듭해 전직을 한다거나, 직장을 구하지 못하는 기간이 있어도 그다지 큰 문제는 아니다. 따라서 학생들이 인턴십 등을 통해 경험을 쌓거나 졸업과 동시에 취직하는 것이 아니라 일정 기간은 자원봉사 등을 하면서 지내는 직장 탐색 기간을 두는 것도 충분히 합리적인 선택이라고 생각할 수 있다. 높은 실업률이 이러한 상황을 반영하고 있는 것이라고 한다면 그 자체는 문제라기보다 변화의 전조라고 보아야 한다.

'해고의 자유'는 결국 기업의 목을 조른다

청년층을 포함하여 고용되는 측의 주체적인 의사와 선택에 의해 유동성이 나타난다면 바람직한 현상으로 생각된다. 그러나 현실은 그렇지 않다. 그러한 변화를 막는 강력한 힘이 현재 작동하고 있다. 고용의 유동성은 기업 측의 필요에 따라 고용 조정을 하기 쉽도록 하는 것이 목적이지 않는가 하는 의심이 드는 형태로밖에 이루어지지 않고 있다. 예전에 일본적 경영의 근간이라고 생각되던 협조적 노사 관계 하에서 정규 노동자에 대한 높은 수준의 노동 조건이 현재와 같은 주주 중시의 이익 우선 경영에서는 수익 확보에 제약이 된다고 주장되었다. 그러한 고용 보장에 의한 제약을 털어 내기 위한 고용의 유동성 주장이라고밖에 생각되지 않기 때문이다.

그런데 '해고의 자유'를 기업이 행사하게 되면 결과는 어떻게 될까? 해고의 자유는 기업의 영리 추구라는 기준에서 보면 단기적으로는 '합리적'으로 보여도 사회 전체적으로 보면 경제의 불안정성을 증폭시키고 소비를 억제시킨다. 그 결과 기업 자신의 목을 조르게 된다는 사실을 인식해야 할 것이다.

원래 일본적 경영 가운데 정규직 종업원에 대한 대우 방법에는 문제가 있었다. 즉, 정규직에 대한 대우와 비정규직에 대한 대우의 차가 너무 컸다. 정규와 비정규 종업원 간의 임금 차는 미국만큼은 아니나, 다른 선진국에서는 볼 수 없을 정도로 크다. 노동정책연구 · 연수기구의 통계 조사에 의하면(『데이터북 국제노동비교 2014』), 일본의 정규직 노동자를 기준으로 한 비정규직 노동자의 임금 수준은 2001년에 56.8%였다. 그에 비해 영국 71.2%, 프랑스 89.1%, 독일 79.3%, 네덜란드 128.5%, 미국 30.7%였다. 즉, 미국처럼 임금 격차가 큰 사회가 되고 비정규직 노동자를 고용함으로써 노동 비용을 줄이자는 것이 재계의 주장인지도 모른다. 그러나 이러한 격차 사회는 바람직한 것일까? 저임금에 의존하여 수출을 확대하고 이익을 증가시키는 것은 도대체 누구를 위한 것일까?

같은 일을 같은 질로 수행하면서 임금 격차는 왜 발생하는 것일까? 왜 이러한 것을 사회적으로 허용해 온 것일까? 그 배경에는 일본의 노동조합이 노동자

계층을 대표하는 조직이 아니라 정규 노동자를 위한 조직이라는 중요한 사실이 있다. 노동조합은 정규직 종업원의 고용 보장과 노동 조건의 개선을 위해 노력했으나 비정규직 종업원에 대해서는 냉담했다. 그 결과가 이러한 임금 격차 구조의 바탕에 있다. 노동력이 부족하기 쉬운 고성장 경제에서는 그와 같은 노력이 비정규직의 노동 조건을 개선하는 데 간접적으로 기여했을지도 모른다. 그러나 조직화되지 않은 시간제 임금 노동자들은 1990년대 이후 고용 환경이 악화되는 속에서 저임금을 강요당해 정규직과의 격차가 확대되는 경향에 있다. 격차 확대의 책임은 기업과 노조 모두에게 있는 것이다.

최대의 블랙 기업[3]은 정부 부문

나아가 최근처럼 상황이 악화된 데는 기업뿐만이 아니라 정부의 책임도 있다고 보는 편이 맞을 것이다. 저임금의 기반 위에서 비용을 최소화하려고 하는 것은 주주의 압력에 굴복한 기업만이 아니라 정부도 마찬가지이기 때문이다. 정부는 파탄난 재정 때문에 사회적으로 필요한 공공 서비스를 삭감하는 방향으로 나가고 있다. 공공 서비스를 전혀 제공하지 않을 수는 없기 때문에 NPO(비영리 조직) 등의 조직을 이용하여 노인 간호 등의 공공 서비스를 하청을 통해 해결하려 한다. 그러한 조직을 이용하면 자원봉사자를 운용할 수 있어 전체적으로 비용을 줄일 수 있기 때문이다. 따라서 업무를 위탁하고 위탁 비용을

3) 노동자를 혹사시킨 다음 쉽게 해고하는 기업. 2000년대 후반부터, 과도한 목표, 장시간 근무, 업무와 관계 없는 연수, 성적 모욕 등 육체적 · 정신적으로 압박하여 자발적인 퇴사를 강요하는 기업을 지칭하는 의미로 사용되었다. 반대로 노동 조건이 양호하여 직원의 정착률이 높은 기업을 지칭하는 용어로는 화이트 기업이 있다. 모두 일본에서 만들어진 말이다.

조성금과 보조금 형식으로 지불하고 있는데 그 지불 단가를 삭감하여 비용 절감을 도모하고 있다. 현재 일본에서 저임금을 이용하려고 하는 최대의 고용주, 즉 '블랙 기업'은 정부 부문이라고 할 수 있다.

공공 부문이 제공해야만 하는 서비스의 일부가 비영리 조직에 의해 이루어지게 되는 것은 현재의 정부 상황으로 볼 때 어쩔 수 없는 측면이 있기는 하다. 하지만 거기에서 작동하고 있는 메커니즘이 국민의 생존권을 해치는 방향이라면 정부의 책임이 막중하다고 할 수 있다. 예를 들어, 그러한 형식으로 보완적인 서비스를 제공하게 되면 위탁하는 정부와 지방자치단체의 재정 사정에 의해 비영리 조직의 운영이 불안정하게 될 수 있다. 위탁을 받는 비영리 조직은 관으로부터의 자금을 전제로 조직을 운영하고 있는 경우가 많아 조직의 재무적인 기반이 취약하기 때문에 관의 보조금 등이 크게 삭감된다든지 폐지된다면 존속할 수 없게 된다. 그것은 공공 서비스가 필요한 사람들의 입장에서 보면 생활의 기반을 위협당하는 일이다. 그렇다 하더라도 이러한 방향으로 가고 있는 것은 공공 서비스의 질이 악화되는 책임을 위탁 받는 비영리 조직에 전가하려고 하는 것은 아닌가 하는 의심을 하기에 충분하다.

따라서 이제까지와는 반대 방향으로 나아가지 않으면 안 된다. 고령화 사회에 대응한 새로운 수요가 발생하여 그에 필요한 고용 기회가 생겨나고 있는데도 그것을 저임금에 기반한 조직으로 해결하려는 정책적 의도 때문에 필요한 인력이 모이지 않고 있기 때문이다. 그러므로 그러한 대인 서비스 등의 고용 기회에 의욕적으로 대처하려는 사람들에게 그 일에 맞는 임금을 보장할 필요가 있다. 그러면 또 한 사람을 지탱하기 위한 고용 기회도 생겨난다. 적정한 고용 기회에 의해 얻어진 소득은 국내 수요를 확대시켜 기업에게 구매자인 소비자를 발생시킨다. 포드 시스템[4)]이라 불리던 대량 생산 시대가 시작될 수 있었던 과정을 떠올려 보면, 이상과 같은 논리도 그와 비슷한 것이라 할 수 있다. 대중 소비 사회에의 개막을 대표하는 것으로 간주되는 포드 자동차 회사는 자사의 자동차를 종업원이 구입할 수 있도록 높은 임금을 지불했다. 물론 대량 생산되는 자동차와 간호 · 의료 등 대인 서비스 간에는 생산성에 큰 차이가 있지만 고용의 기회와 적정한 임금이 소비, 즉 국내 시장을 만들어 낸다는 점에서는 마찬가지로 중요하다.

일본의 협조적인 노사 관계는 제2차 세계대전 이후의 격렬한 노사 대립의 결과로 형성되었다. 그 무렵의 노동조합은 사회주의의 영향을 크게 받으면서 경영진과의 대결 자세를 선명하게 내세웠다. 노동자의 요구가 받아들여지지 않으면 장기간의 파업도 불사하고, 결과적으로 그 기업이 도산해도 어쩔 수 없다는 식으로 생각하는 노동 운동의 지도자들이 대결의 최전선에 있었다. 그러한 가운데 기업을 도산시키면서까지 지켜야 할 노동자의 생활권이란 무엇인가라는 의문이 생겨났다. 강력하게 파업을 선동하는 노조 지도자들과 달리 일반 조합원 사이에서는 "임금을 지불하고, 일할 기회를 제공하는 기업을 망하게 해서는 아무것도 얻지 못하게 된다"는 생각이 퍼지게 되었다. 대결 자세에 대해

4) 대량 생산 · 대량 소비를 가능하게 한 생산 시스템. 포드 자동차가 과학적 관리법에 컨베이어 벨트를 조합하여 개발한 시스템으로 컨베이어의 속도가 생산 능률을 결정하는 구조로 되어 있다. 제품의 단순화, 부품의 표준화 등이 특징으로 지적된다. 한편, 이러한 생산 시스템보다 좀 더 넓게 포드 자동차의 경영 이념을 뜻하기도 한다. 그 경우에는 생산성 향상만큼 임금도 상승하여 노동자가 자사의 자동차를 구입할 수 있게 한다는 것을 의미한다. 더 나아가 현대 자본주의의 특징을 의미하는 것으로 제2차 세계대전 후부터 1970년대까지 경제 성장기의 경제 체제를 상징하는 용어로 사용되기도 한다.

"황금알을 낳는 닭을 죽이는" 행위라는 비판이었다. 그러한 생각에서 기업의 생산성 향상에 협조하고 그 성과를 경영과 노동이 나누어 갖는다는 노사 관계가 나타나게 되었다. 생산성 향상에 대한 협조의 대가로 임금의 상승과 고용 기회를 확보했다. 그런데 최근에는 공수가 바뀌어서 기업 경영 측이 노동 측을 격렬하게 공격하여 노동자들이 살 수 있을지 없을지를 생각하지 않고 기업의 이익만을 우선시하고 있다. 그러나 그러한 형식으로 고용을 삭감시켜 가면 국내의 소비 수준은 위축되어 기업은 생산된 재화와 서비스의 판매처를 잃게 된다. 그러한 의미에서 해고의 자유를 손에 넣은 기업이 추진하고 있는 것은, 기업 경영의 기반이자 지주인 소비자를 "알을 낳지 못한다며 죽이는 행위"이다.

'싼 게 비지떡'이라는 말이 있다. 고성장기가 시작되던 무렵, 일본 제품의 나쁜 품질을 조롱하던 말이었는데, 이제는 수입품에 대한 비판으로 쓰고 있다. 그런데 이 말을, 임금이 싸고 노동 조건이 나쁘지 않고서는 기업이 채산을 유지할 수 없는 일본의 현상을 표현하는 데 사용할 수 있을 듯하다. 사회적인 구조를 지탱하는 중요한 역할을 수행하고 있는 기업이 이와 같은 생각을 가지고 있는 것은 그 사회적 책임을 방기하는 것과 같다. 물론 철저한 노동의 단순화와 매뉴얼화에 의해 임금 수준을 억제하는 방법도 선택지 가운데 하나이다. 그러나 그것만이 최선이고 유일한 길일 수는 없다. 가격을 내리는 것 이외에 방법이 없다는 것은, 적정한 임금을 지불하고 비용에 맞는 가격을 붙여도 판매되도록 소비자를 설득할 수 있는 무언가가 그 상품에는 없다는 것을 자인하는 것과 같다. 그래서는 기업 경영자의 태만이라고 비판을 받아도 어쩔 수 없을 것이다.

임금 인상은 수출을 저해할까?

이러한 생각에 대해서는, 임금을 인상하면 수출이 줄어든다든지 임금 비용 압력 때문에 인플레이션이 발생할지 모른다는 반론이 예상된다.

전자는 해외의 소비자를 위해 일본의 고용자를 희생해도 좋다는 주장임을 인식한 후에 그 타당성을 논의해야 한다고 생각된다. 글로벌화가 진전되어 기업의 국적이 없어지고 있다. 따라서 국경을 넘어 해외에 시장을 개척한다든지 저임금 국가에 생산 거점을 이전하고 있다. 이러한 변화는 국가들 간에 격차 구조가 존재하는 것을 전제로 하고 있다. 글로벌화라는 말은 세계가 하나로 되어 가고 있는 것을 상징하는 듯한 변화를 연상시킨다. 그러나 실은 세계가 각국마다 다른 생활 조건으로 분산되어 있다는 것을 전제로 해서 그 차이를 기업이 이익 추구를 위해 이용한다는 것을 의미한다. 따라서 글로벌화란 세계가 하나가 아님을 표현하고 있다. 왜냐하면 구매 여력이 있는 소득이 충분한 국가와 저임금을 제공할 수 있는 빈곤국이 없으면 국경이 없는 기업 활동을 전개할 수 없기 때문이다. 그리고 그와 같은 격차 구조를 전제로 국내에서 임금 인상을 수출 저해 요인으로 강조하는 사고방식은 일본이 저임금의 빈곤국이 되어야 한다는 주장과 같게 된다. 공업화가 진전된 나라에서 수출 지향으로 국내 임금 수준을 낮게 유지한다면 전 세계가 저임금 국가로 전락하기 때문에 수출을 하려고 해도 구매자를 찾을 수 없게 될 것이다. 아니면 저임금화 가운데서도 현실적으로는 진전될 것인 빈부 격차의 확대에 의해 생겨나는 부유층만을 시장으로 보면 괜찮다고 생각하는 것일까? 그것은 도저히 현실성 있는 시나리오라고는 생각되지 않는다. 선진 공업국이 이제까지 걸어온 길은, 풍요로운 사회로 나아가면서 나타난 임금 인상을 생산성 향상으로 극복하고 고품질 · 고부가가치 제품을 만들어 내는 것이었다. 그 흐름에서 보면, 수출하기에는 임금이 너무 높다는 주장은 본래 해야 하는 책무를 방기한 기업 행동이라고밖에 할 수 없다.

저임금에 의존한 생산 활동은 끊임없이 저임금의 프런티어를 찾아 생산 거점을 이동시키지 않으면 안 된다. 그러한 이전은 20세기의 마지막 20년 동안 현저하게 보였던 다국적 기업의 행동 패턴 가운데 하나였다. 그러나 이 프런티어는 언젠가는 없어지게 된다. 실제로 이미 이러한 방법의 한계가 보이기 시작하고 있다. 저임금을 찾아 중국 시장에 진출한 기업 가운데 거점을 이미 다른 나라로 이전한 기업도 있다. 다른 한편에서 중국을 높은 성장이 예상되는 시장으로 보고 그 시장에 대한 공급 능력을 높이려는 움직임이 나타나고 있다. 중기적으로 보면, 중국은 저임금이 매력이라는 인식이 일시적인 현상이었음을 깨달을 수 있다.

비용 압력은 인플레이션을 일으킬까?

또 하나의 문제, 즉 비용 압력으로 인플레이션이 발생한다는 비판에 대해 생각해 보자. 현재와 같은 변동 환율제에서 엔 기반의 고임금은 일본 제품의 수출을 어렵게 하고 무역 수지를 악화시키므로 중기적으로는 엔저를 촉발해 국제 경쟁력에 대한 악영향을 상쇄한다. 그것보다 문제는 본디 비용 압력에 의한 인플레이션이라는 주장 자체가 인플레이션 현상에 대한 확장 해석이라는 점이다.

고령화 사회에 대한 우려 때문에 노동력 부족의 진전이 강조되고 있다. 만약 이 노동력이 부족해진다는 주장을 받아들이게 되면, 그러한 희소한 자원에 대한 가격, 즉 임금이 상승하는 것은 경제학의 상식이다. 에너지 요금과 식량 가격이 인상될 수밖에 없다고 했던 것과 마찬가지다.

그 영향은 경제의 여러 측면에 관련되는 전반적인 문제일 수 있는데, 과제는 희소성이 강해지는 경제 자원의 가격을 개정하는 것이다. 그 자원들이 시장 경제 속에서 너무 낮은 거래 가격을 강요당하고 있다면 임금 인상은 그것을 시정하는 움직임이다.

석유 위기에 의한 에너지 가격의 상승이 그랬듯이 전반적인 인플레이션이 발생한 것처럼 보여도 그 영향의 정도는 상품에 따라 다르고, 결국 중기적으로 발생한 것은 에너지가 다른 상품에 비해 높은 가격상승률을 보여 에너지와 다른 상품의 상대가격이 변화했다는 점이다. 이로 인해 에너지 다소비형 생산 활동이 불리해져서 사양산업화한다든지 에너지 절약 등의 움직임이 진전되었던 것이다. 그것은 상대가격의 변동에 의해 희소성이 높아진 경제 자원에 대해 절약을 촉진하는 시장으로부터의 시그널이었다고 할 수 있다.

임금 개정으로 대인 서비스 등의 가격을 인상시켜 그것들의 상대가격을 변화시킬 필요가 있다. 상대가격 변동은 산업 간의 성장에 영향을 끼침으로써 산업 구조 변화의 요인이 된다. 그러나 이것은 통화 가치가 하락하는 것을 의미하는 인플레이션이라고 부를 만한 현상과는 다른 것이다. 예를 들어, 1870년대부터 4반세기에 걸쳐 유럽 경제는 '대불황' 시기였다고 알려져 있다. 상당히 장기간의 불황기인데, 그 이유는 독일 등이 당시로서는 신흥 중화학공업국으로 성장하고 철강 등의 소재 가격을 국제적으로 인하시켰기 때문이라고 알려져 있다. 기초 소재의 가격이 상대적으로 싸져서 그때까지 세계의 공장을 자인하고 있던 영국의 산업에 타격을 가했는데, 긴 역사적 시점에서 보면 그것이 새로운 시대의 개막을 의미했다는 것을 알 수 있다.

일본의 고도성장기에는 경제 성장의 성과를 반감시키는 물가 상승이 늘 문제였다. 그리고 그와 같은 물가 상승은 규모의 경제성에 의해 비용이 줄어들어 가격도 저하 경향에 있던 중간재 등의 도매 물가가 아니라 소비자 물가에 특히 명확하게 나타났다는 것이 알려져 있다. 이 소비자 물가 상승을 설명하는 유력한 논리가 '생산성 격차 인플레이션' 가설이다. 고성장을 계속하는 산업 활동 등에 의해 공급되는 공업 제품에 비해 상대적으로 생산성이 낮은 서비스업 등의 물가가 임금 상승에 의해 높아짐으로써 소비자 물가가 상승한다는 논리이다. 이것도 고성장에 의해 노동력이 부족하게 된 일본의 현실에 따른 설명이었다. 그러나 좀 더 정확하게는 소비자 물가라는 하나의 지표만 보아서는 보이지 않는, 서비스 가격과 대량 생산되는 공업 제품 가격 간의 상대가격이 변화한 결과라는 점으로 보아야 한다.

'고임금 · 고부담' 사회로

사람의 노동에 대한 화폐가치 평가를 높이게 되면, 종래의 일본 산업 무역 구조에 큰 영향을 끼치게 될지도 모른다. 그러나 그 자체는 우려할 만한 일이 아니다. 오히려 고령화에 따라 필요해지는 여러 대인 서비스의 노동생산성 상승에 한계가 있다는 점을 고려하면, 경제 전체로 볼 때 노동의 대가는 인상되어야 한다. 의료든 간호든 한 사람의 인간이 진료할 수 있는 시간당 사람 수, 보살

필 수 있는 시간당 사람 수에는 한계가 있을 수밖에 없다. 그러한 서비스는 대량 생산 · 대량 소비라는 고성장 경제의 상징적인 생산 활동과는 전혀 다른 것이다.

따라서 임금을 인상함으로써 이들 분야에 양질의 인재가 대량으로 투입되도록 하는 구조로 전환할 필요가 있다. 그 시그널이 임금의 개정이다. 물론 여기서 함의하고 있는 것은 '고임금 · 고부담' 사회로 전환한다는 것이다. 예전처럼 소득의 상승이 목전의 소비를 크게 증가시키는 경우는 더 이상 없다고 생각하지 않으면 안 된다.

본디 무리한 발상이 아니냐는 반응도 예상된다. 고령자들에게 '고부담'은 너무 가혹할 것으로 생각되기 때문이다. 고령자는 필요한 도움을 모두 스스로의 소득과 저축으로 충당하지 못할 수도 있을 것이다. 따라서 사회보장 등의 국가 차원의 부조가 필요하다. 사람들이 자신이 하는 일에 긍지를 가질 수 있는 임금이 지불되는 것을 전제로 형성되는 서비스 등의 비용에 대해 그 서비스의 소비자 · 수익자가 부담할 수 있는 한계를 넘는 부분은 사회적인 급부에 의해 충당해야 한다. 그리고 이를 위해서는 국민 전체가 세금을 통해 그 비용을 분담할 필요가 있다. 그것이 고부담의 단순한 구조이다.

구상되고 있는 것은, 이제까지 가계가 부담하던, 또 한 사람을 지탱하는 구조의 주요 부분을 사회적으로 지탱되도록 구조를 바꾸는 것이다. 고도성장기의 가계에서는 자녀의 교육비 부담 때문에 부모는 살림을 어느 정도 줄일 수밖에 없었다. 거기서 숨겨져 있던 부분을 경제의 표면으로 끌어내어 처리하는 구조를 만들려고 하는 것이므로 가계의 실질적인 부담이 줄어드는 것은 아니다.

그것은 과세를 통해 사회적으로 필요한 공공 서비스를 제공하기 위한 재원이 조달됨으로써 실현된다. 그뿐만이 아니라 자발적인 워크 셰어링에 의해 일하는 시간의 일부를 그러한 공공 서비스를 보완하는 조직의 활동에 참가한다거나 자신의 가족을 돌보는 데 충당함으로써 사회적 수요의 충족에 참여하게 된다. 이러한 구조에 의해서 각자가 장래에 대한 불안 때문에 그렇잖아도 어려운 살림을 쪼개서 한 푼 두 푼 저축하는 현재의 악순환에서 탈출할 수 있는 길이 보이게 될 것이다.

제6장

경제 성장이라는 주술로부터의 해방

제 6 장

경제 성장이라는 주술로부터의 해방

1 성장의 의미를 다시 생각한다

스무 살을 넘으면 더 이상 키가 자라지 않는다

이제까지 밝힌 것처럼 에너지든 식량이든 앞으로 소비자 부담은 늘어나게 된다. 조세 부담도 증가하게 될 것이다. 그러한 생각은 당연히 강한 반발을 부를 것으로 예상된다. 왜냐하면 경제 성장은 최근 반세기에 걸쳐 실질소득의 증가에 의한 '풍요로운 생활'을 확실하게 가져다주었기 때문이다. 그리고 소비자 부담의 증가는 그러한 경향에 찬물을 끼얹는, 사람들의 장래에 대한 희망을 짓밟는 일이라고 생각될 것이기 때문이다.

어떠한 의도를 가지고 있는지는 모르겠지만, 정치적인 논쟁이나 매스컴에서도 이러한 부담 증가에 대한 반발은 크고, 아니 반발을 선동하는 것처럼 목소리를 높여 이러한 주장의 단점만을 강조하고 있다. 지금까지 경제 성장의 기반에는 소비의 확대가 있었고 내구소비재의 보급이 있었다는 것은 확실하다. 그것이 경제 성장을 실현하는 데 중요한 의미를 가지고 있었다고 할 수 있다. 그러나 그러한 성장 패턴은 과거의 일이 되어 버렸다고 생각해야 한다. 우리들은 현재 과잉 소비를 억제해야만 하는 시대로의 전환이 이미 시작되었음을 자각적으로 받아들여야 한다. 지구 환경의 제약 하나만을 놓고 생각하더라도 성장 지향의 경제 정책 운영이 실현될 가능성이 높은 것은 개발도상국뿐이라고 해야 할 것이다.

경제 성장이라는 기준을 방기해야 한다는 것은 무모한 이야기로 들릴지 모른다. 그 정도로 이 기준은 50여 년간 사람들의 사고방식에 침투해 있다. 그러나 조금만 관점을 바꾸어 보면, 경제 규모의 확대, 즉 '성장이라는 기준'이 절대적이지 않다는 것을 간단히 이해할 수 있다.

사람의 성장을 생각해 보자. 태어나서 대략 스무 살 정도까지는 키가 자라고 체중도 늘어나는 등 신체적인 특징이 급변한다. '키재기'는 어린 시절 성장 확인에 대한 기억이기도 하다. 그러나 그와 같은 변화가 멈추었다고 해서 진정한 의미로서의 '인간적인 성장'까지 멈추는 것은 아니다. 오히려 그때부터 살아가는 모습에서 나타나듯이 인간으로서의 성숙이 요구된다. 그럼에도 불구하고 신체의 크기만을 보고 있는 것이 GNP에 의한 '성장 신화'인 것이다. 스무 살을 넘은 청년이 더 이상 키가 크지 않는다고 한탄하고 있다면 이상하게 보일 것이다. 그것과 마찬가지로 이미 성숙기에 접어든 일본은 양적 확대를 추구하면서 그 실현에 일희일비할 필요는 없는 것이다.

원래 경제사학자의 관점에서 보면, '고성장'은 단 한번뿐인 역사적이고 일시적인 현상에 불과하다. '고성장'이 장기간에 걸쳐 지속된다는 근거는 없다.

장기 역사 통계를 보면 그러한 고성장이 오랫동안 지속된 예가 없기 때문이다. 자본주의 경제가 시작된 지 300여 년 가운데 제2차 세계대전 후 선진 공업국이 15년 정도의 고성장기를 경험하고, 그것을 뒤따라가듯이 아시아의 공업화 등이 진전되었는데 그것도 영속적이라고는 할 수 없다. 전체적으로 보면 후발국의 경우가 성장률이 높은 것은 사실이지만 그렇다고 해도 선진국화되면서 성장률이 안정화된다. 때문에 인구가 많은 개발도상국이 1인당 생활 수준을 끌어올리기 시작하면 그 나라의 경제 규모는 급속히 확대된다. 나라별 GNP 총량을 비교해도 의미가 없는 것이다.

2 생활의 질이라는 관점

노동을 고역으로 파악하는 것이 경제학의 한계

그렇다면 경제 성장 대신에 무엇을 생각하면 좋을까? 성장을 포기한다는 것은 경제적으로 조금씩 쇠퇴해 간다는 것을 의미할까? 이 점에 대해서는 키가 자라다가 멈춘다는 비유를 다시 생각해 보면 좋을 것 같다. 성장이 멈춘다는 것은 결코 그 나라에 사는 사람들의 생활이 그 후 완전히 변하지 않는다든지 활력을 잃어버린다든지 하는 것이 아니다. 자원 절약과 성장의 한계는 생활의 질의 악화를 야기할지도 모른다는 우려가 있을 것이다. 그러나 에너지의 효율적인 이용이라는 점에서 보면 바람직한 전기 자동차의 출현이 자동차라는 편리한 기계를 빼어버리지는 않는다.

다시 이 책 첫 부분에서 소개한 고전파 경제학자들과 케인스의 미래 예측을 떠올려 보자. 중요한 것은 우리들이 어떻게 생활하기를 원하는가이다. 그리고 그 선택의 폭이 각자의 다양한 가치관에 따라 다르다는 것을 서로 인정하면서 그 다양한 선택의 가능성이 높아지는 것이다. 소비자의 상품 선택에 대한 폭이 확실하게 커지는 것, 그리고 '일하는 사람'으로서의 선택 폭이 넓어짐으로써 소득과 소비의 양으로는 측정할 수 없는 생활의 자유도를 높이고 스스로의 능력과 의지가 발휘될 수 있도록 하는 것이 중요하다.

일하는 방법이라는 점에 대해서는 앞서 제5장에서 약간 소개했는데, 자발적인 워크 셰어링이 그중 하나이다. 예를 들어, 1주일에 일할 수 있는 시간이 40시간인 경우, 그 전부를 하나의 일에 투입할 수도 있고 복수의 일을 선택할 수 있도록 인정해 주는 것이 유의미하지 않을까 생각된다. 혹은 소득의 증가를 포기하고 40시간보다 적은 시간만큼 일하는 것도 선택지로서 중요한 의미를 가질 것이다.

사람의 능력은 반드시 특정한 일에 평생을 바치도록 되어 있는 것이 아니다. 그리고 그 사람이 지닌 능력에 맞는 일을 선택할 수 있는지 여부도 확실하지 않다. 따라서 꼭 하나의 일만 하지 않는다고 해도 자연스럽지 않은 게 아니다. 이것도 해보고 저것도 해보고 싶다는 삶의 방식이 인정되어도 좋을 것이다. 물론 현대의 경제사회에서는 생활을 유지하는 최저한의 소득은 스스로의 노동에 의해 획득할 것을 요구하고 있다. 그를 위해 소득을 얻을 수 있는 일을 스스로 관리하는 노동 시간 가운데 조합할 필요는 확실히 있다. 일하는 데서 기쁨을 느끼고 그 일에 대해서 사회적으로 평가를 받는 것도 필요할 것이다. 그러한 곳에 유의미한 시간을 투입하는 방법, 삶의 방법을 발견하기 위해서는 일하는 방법에 대한 생각을 좀 더 바꿀 필요가 있는 것이다.

이러한 변화를 불러일으키기 위해서는 계속해서 노동생산성의 상승이 추구되어야 한다는 것도 사실이다. 그로써 일하는 시간이 짧아져서 그 시간만큼을 여가에 사용할 수도, 다른 일에 쓸 수도 있기 때문이다. 물론 그러한 선택이 거듭되면서 과잉 소비에 빠질 위험에 대해서는 엄중히 경계하지 않으면 안 된다. 따라서 노동생산성의 상승분은, 생활의 질의 향상에 기여하기 위한 시간으로 배분되어야 한다.

경제학적인 사고에 익숙해 있는 사람들에게 노동 시간은 음(−)의 효용을 지니고, 여가는 양(+)의 효용을 가진다고 생각할 것이다. 그리고 음의 효용을 가지기 때문에 노동에는 대가가 지불되어야 한다고 생각한다. 그러나 '일'을 하는 시간은 우리들의 생활 시간 가운데 매우 큰 비중을 차지하고 있고, 그것을 가능하면 피하고 싶은 고역의 시간으로 파악하는 것은 부적절하다고 생각된다. 여기에 현대 경제학의 한계가 있다. '일'에 흥미를 가지고 자긍심을 가지는 것은 사람이 살아가는 데 매우 중요한 것으로 생각된다. 그렇게 사고를 전환함으로써 노동의 시간은 스스로 선택한 '일'을 하기 위한 유용한 시간이지, 돈을 벌기 위해 단지 일하는 것이 아니게 되는 것이다. 일본어 가운데 '일하다'(하타라쿠)는 '주위'(하타=傍)를 '편하게 한다'(라쿠=樂)는 의미가 있다는 해석도 있다. 이런 해석은 에도(江戶) 시대에 '일하는 사람'이란 마을 공동체를 위해 땀을 흘리는 사람을 지칭하는 말이고, 결코 자신을 위한 일을 장시간 하는 사람을 뜻하는 말이 아니었다고 하는 것과 일맥상통한다. 원래 '일하다'(働)는 한자 자체가 근대에 들어 일본에서 만들어진 글자이므로, 경제학에서 상정하는 일이 일본의 전통 사회에 있었던 것은 아니다(武田晴人『仕事と日本人』). 문명 개화와 함께 소개된 서양의 노동관을 번역하기 위해 만들어진 말인 것이다. 그렇다고 한다면 일한다는 것을 경제학자가 생각하는 것처럼 좁은 의미로 해석할 필요는 없다. 그러한 경제학적인 노동관에서 자유로워지면 우리들은 좀 더 활기찬 일을 하고, 혹은 돈 버는 이외의 시간을 유효하게 활용하여 사회적 책임을 다할 수 있게 될 것이다. 활력이 없어질 수 없다.

사회적 활력은 우리들 각자의 삶 속에 있다. 기업의 이익이나 개인의 소득 증가와는 별개인 것이다.

우리들은 어떠한 사회를 원하고 있는가?

문제는 그러한 변화를 통해 실현되는 사회와 현실적으로 우리들의 불안 사이에 존재하는 괴리를 어떻게 메우느냐에 있다고 할 수 있다. 그러나 경제 시스템의 발전 성과가 양적인 확대나 소비 수준의 상승이라는 '경제 성장'만이 아니라 또 하나의 좀 더 중시해야만 하는 경제 시스템의 안정성을 가져와서 우리들의 장래 생활에 대한 예측 가능성을 높여 왔다는 점을 생각하면 그다지 어려운 문제가 아니다.

경제 시스템의 안정이 가져다준 혜택을 우리들은 생활에서 실감할 수 있다. 2011년도의 국민생활 선호도 조사에서 일본 사회의 미래상으로서는 "안심하고 안전하게 살아갈 수 있는 사회", "다른 사람을 배려하는 사람이 많은 사회", "마음의 여유가 있는 사람이 많은 사회" 등 비경제적인 요소를 중시한 내용이 상위를 차지하고 있다. GDP가 많은 사회는 그다지 선호도가 높지 않다(〈그림 6-1〉).

정부에 기대하는 역할로는 연금, 자녀 양육, 고용, 의료가 상위에 있다(〈그림 6-2〉). 물론 그러한 기대를 하고 있어도 뜻대로 되지 않는 것이 사실이다. 생활이 어려워졌다고 하는 우리들의 체감도 이 국민생활 선호도 조사에 잘 드러나 있다. 생활이 좋아지고 있느냐는 질문에, "전혀 그렇지 않다"라고 답변한 사람의 비율이 1990년대 중반부터 높아지고 있다. "그런 편이다", "그렇지 않은 편이다"라고 답변하는 사람들도 많이 있는데, 잘 되고 있다고 생각하는 사람은 빠르게 줄어들고 있다(〈그림 6-3〉). 노후에 대한 불안도 점점 더 커지고 있는 상태이다(〈그림 6-4〉). 정부가 스스로 그러한 조사를 하면서도 국민의 요구에 대해서는 여전히 성장지상주의에 머물러 있어 그 한계와 제약 요인에 대해서는 치명적이라고 할 만큼 이해가 부족한 상태이다. 별로 생각하고 싶지 않은지도 모르겠다.

그러한 장기 관찰에 근거하여 지금부터 우리들의 장래에 펼쳐질 경제사회의 모습을 생각해 보면, 지금까지 설명했던 것처럼 경제 시스템의 안정성을 중시하면서 생산성 상승을 어떻게 활용할 것인지를 모색하는 사회가 필요해진다. 그러한 의미에서 지속 가능한 경제사회를 구축하는 것이 기본적인 목표가 된다.

그러한 목표에 비추어 볼 때 현실은 악화일로를 걷고 있다고 한다면, 그것은 정책의 실패, 정책 목표 설정의 착오라고밖에 할 수 없다. 그리고 그 배후에

그림 6-1 일본은 어떠한 사회를 목표로 해야 하는가?

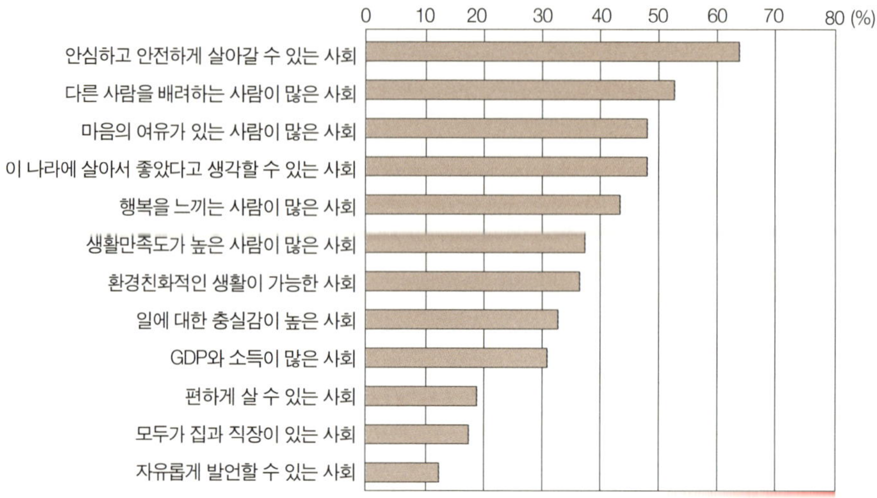

출처: 內閣府「國民生活選好度調査」2011년도판에서 작성.

그림 6-2 국민 전체, 사회 전체의 행복감을 높이기 위해서 정부가 추진해야 할 목표

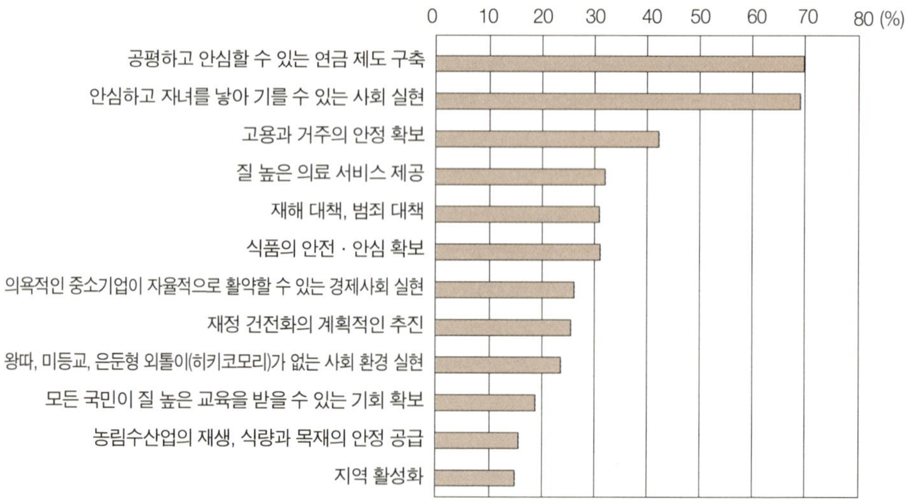

출처: 〈그림 6-1〉과 동일.

그림 6-3 생활이 개선되는 방향으로 나아가고 있는가?

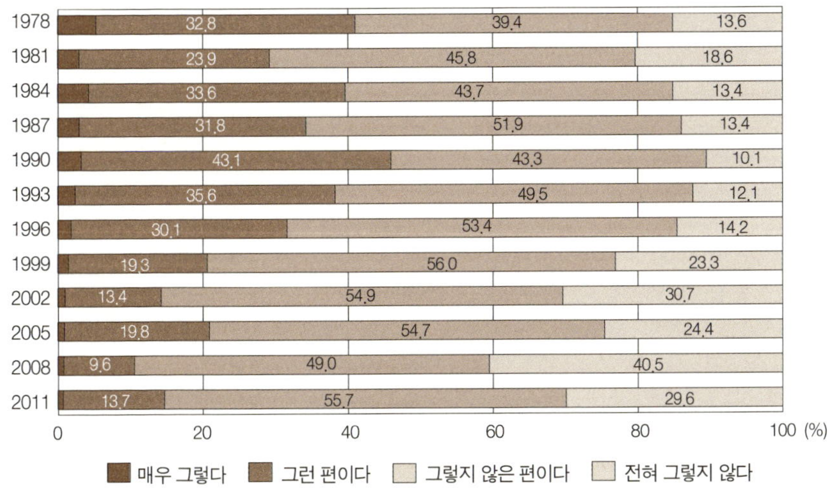

출처: 〈그림 6-1〉과 동일.

그림 6-4 노후에 대한 전망이 낙관적인가?

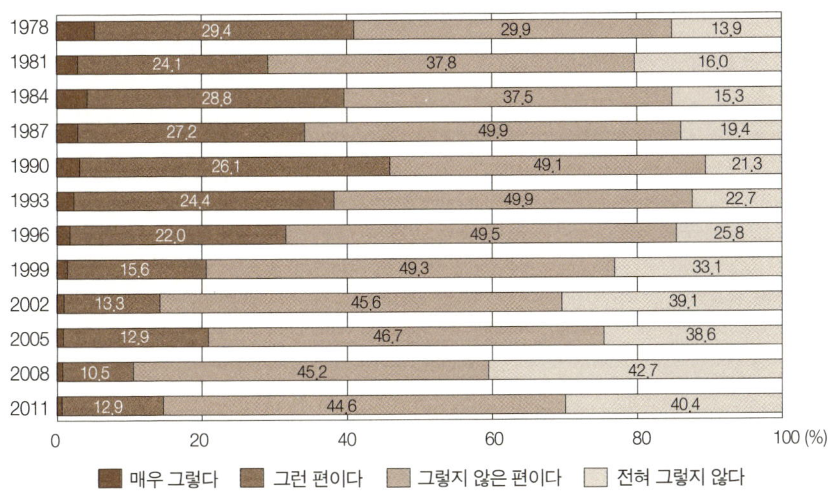

출처: 〈그림 6-1〉과 동일.

그림 6-5 생활만족도와 1인당 실질GDP의 추이

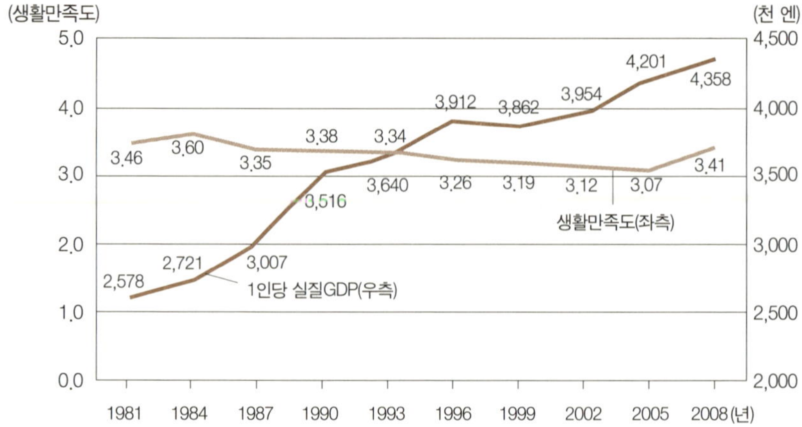

출처: 内閣府「國民生活選好度調査」2008년도판에서 작성.

여전히 강한 성장지상주의, 성장의 한계 · 제약에 대한 몰이해가 있다고 하는 것은 지금까지 강조한 바와 같다.

개선의 조짐이 보이지 않는 것을 확인하기 위해, 제1장에서 소개했던 행복도와 경제 성장의 관계에 대해 최근의 상황을 살펴보자. 내각부가 발표한 2008년도 '국민생활 선호도 조사'에서 최근 GDP와 생활만족도에 대해 조사한 결과는 〈그림 6-5〉와 같다. 이를 보면 경제학자의 다음과 같은 발언이 얼마나 무의미한지를 잘 알 수 있다. 저명한 경제학 교과서의 저자이자 조지 부시 전 미국 대통령의 경제자문위원회 위원장을 역임한 적도 있는 하버드 대학의 그레고리 맨큐(Gregory Mankiw)는 "대다수의 국민이, 좀 더 많은 소득을 얻어 좀 더 많이 소비하려고 하기 때문에 1인당 국내총생산은 평균적인 개인의 경제적 행복을 나타내는 당연한 척도일 것이다"(『행복의 연구』 87쪽). 그러나 '많은 소득', '많은 소비'가 바람직하다는 사고방식을 사람들에게 침투시킨 것은 현대 경제학이다. 지나치게 단순화한 경제인이라는 가정에 따라 사람들의 행동을 설명하기 위해 경제학은 그러한 소득과 소비에 대한 선호를 전제 조건으로 하고 있다. 이러한 경제학의 기본적인 사고방식이 사람들에게 침투하고 그러한 생각에 입각해 있기 때문에 맨큐처럼 보이는 것뿐이다. 사람은 태어나면서부터 많은 소득을 벌고 싶고 많은 소비를 하고 싶다고 생각하는 것이 아니기 때문이다. 그렇게 주입된 것뿐이다. 따라서 굳이 말하자면, 사람은 태어나면서부터 '경제인'이지는 않지만, 현대 경제사회 속에서는 '경제인'인 것처럼 행동하는 것이 바람직하다는 생각을 주입당하고 그처럼 양육되어 '경제인이 되는' 것이다.

여담이지만, 그림에 제시한 내각부의 시계열 조사는 2008년도부터 폐지되었기 때문에 최근 5년간의 상황은 알 수 없다. 이 도표로 정리된 자료 이외의 의식 조사는 그 이후로도 매년 계속되고 있는 것을 볼 때, 폐지의 이유가 이 결과를 보여 주기 싫었기 때문이 아닐까라고 추측된다.

어쨌든 경제 정책의 실패 · 착오는 경제사회의 성숙으로 고성장이 재현될 수 없는 과거의 일이 되었다는 것에 대한 인식이 불충분하기 때문에 일어난다. 중요한 것은 다음의 두 가지 조건을 충분히 고려해야 한다는 것이다. 첫 번째는 자본주의 경제는 시장경제가 지닌 근원적인 불안정성을 안고 있어 그것을 극복하는 데는 어려움이 수반된다는 것이고, 두 번째는 성숙한 경제사회에서 사람들이 노동자이면서 동시에 소비자로서 개성적이 됨으로써 요구하는 재화와 서비스의 다양성이 증대한다는 것이다.

3 불안정을 극복하는 데 따르는 어려움

'효율성의 추구'가 '이익의 추구'와 동의어는 아니다

자본주의 시장경제는 때때로 커다란 진폭을 반복함으로써 효율성을 기준으로 한 기업의 선별(시장에서의 테스트)을 통해 좀 더 효율적인 사회로 나아가려고 했다. 그러나 실업의 증가와 물가의 급격한 변동은 사람들의 생활을 위협하고 기업 활동의 '계산 가능성'을 약화시켰기 때문에 그러한 순환적인 경기 변동, 공황을 회피할 필요가 있었다.

그 때문에 물가의 안정과 실업 대책을 통해 경제사회의 안정화를 도모해 온 것이 근대에서 현대에 이르는 경제 발전의 큰 역사적 흐름이다. 그러나 그것은 효율성을 기준으로 하는 시장에서의 테스트를 약화시켰다. 효율성은 대기업 내에서의 연구 개발과 현장의 지혜를 이끌어 내는 방법에 의해서도 가능했지만, 가격 변동이 작아지면 채산이 악화된 기업, 즉 생산 비용이 높다는 점에서 비효율적인 기업이 퇴출을 강요당하는 힘이 약해지기 때문이다. 물가의 안정과 실업 대책을 위해서 '재화'와 '사람'에 대한 시장의 힘이 약화된 것이다.

그 결과가 성장률의 저하를 초래했다고 경제학자들은 생각했다. 그래서 경제의 안정화에 의해 발생했다고 생각되는 성장률의 저하와 불충분한 효율성 추구를 개선하기 위한 시도로 새로운 구조를 제창한 것이 '주주의 감시'이다. 그리고 그것이 충분히 기능하기 위해서는 금융 시장의 자유화가 필요하고 투자자에게 힘을 실어 주어야 한다고 주장하게 되었다. 남아 있는 '자금' 시장의 힘에 기대하게 되었던 것이다. 이와 같이 기업을 파악하는 방법은 아주 최근 들어서 강조되었다. 그러한 사고의 기점은 경영자 자본주의의 전성기이던 1970년대 미국에서 주주가 이론(異論)을 제기하면서부터이다('주주반혁명'). 그리고 이 주장은 스태그플레이션에 허덕이던 1980년대에 선진 공업국에서 목소리를 높이게 되었다.

주주의 역할에 기대한 정책 선택은, 그것이 유효하게 기능하면 금융 시장의 발전을 촉진하지만(금융 자유화), 결과적으로는 자산 가격의 급격한 변동을 수반하는 금융 · 자본 시장을 만들어 내 다시금 현대의 경제사회를 불안정하게 만들었다. 1987년 이후 거의 10년마다 대규모 금융 불안이 발생하여 국제적으로 큰 타격을 주고 있는 것은 주지의 사실이다. 그러나 이와 같은 결과를 극복하기 위한 대안은 현재 어느 곳에도 없다. 재화, 사람, 자금의 3요소 이외에 적절한 시장이 없기 때문이다.

그러나 대안을 생각할 필요는 없다. 이와 같은 정책이 선택되는 기반에는 '효율성 추구'가 '이익 추구'와 동일하다는 생각이 있다. 그것이 자금 시장이 폭주하는 근원적인 이유이다. 따라서 다른 각도에서 효율성을 평가하는 방법을 고안할 수 있다면 그것으로 충분한 것이다. 그와 함께 자금 시장을 엄밀하게 관리하는 것도 필요할 것이다. 안정성을 회복시키기 위해서는 투기적인 행동을 억제할 필요가 있다. 그를 위해서는 단기적인 양도소득에 대한 고율의 과세 조치 등이 필요하고 국제화하는 자금 운용에 대해서도 감시와 과세가 필요할 것으로 생각된다.

경제학의 기초적인 사고방식을 따라가다 보면, 효율적인 상황이란 자원 배분의 최적 상태가 실현되어 있는 것이라는 데 도달한다. 여기서 생각해 보자. 이미 언급한 것처럼 재생 불가능한 자원에 대한 가격 수준은 경제 이론이 전제하는 완전경쟁 시장에서 언젠가는 고갈될 것을 예상해서 가격이 설정되어 있다고 상정된다. 그러나 이는 이론적인 검토를 심화하기 위해 '강한 가정'이 필요하기 때문에 상정될 뿐이다. 현실적으로는 재생 불가능이라는 것, 즉 언젠가는 고갈될 것을 예상해서 가격이 결정된다고는 생각되지 않는다. 사람들의 인식에는 한계성이 있어 아무리 합리적으로 행동하려고 해도 한계가 있다. 따라서 가격의 변동으로 나타내는 시그널로는 자원 배분이 최적으로 된다는 보장이 없다. 그렇다고 하면 시장을 경유해서 바람직한 시그널을 보낼 수 있기 위해서는 재생 불가능한 자원의 사용에 대해서는 과세 조치에 의해 시장 가격을 인상시켜 절약을 촉진할 수밖에 없다.

부연하자면, 만약 최적인 자원 배분이 실현된다고 하더라도, 그것이 최적인 한 그 균형 상태로부터 그 경제사회는 움직일 수 없게 된다. 거기에서 벗어난 상태는 경제학의 정의에 의해 최적이지 않게 되므로 비효율적이기 때문이다. 즉, 시장경제의 구조를 이론적으로 추구하여, 만약 가장 바람직한 상황이 나타난다면, 경제사회는 변화를 멈추어 버리게 된다. 경제 성장이라는 변화를 구하기 위해 중요한 수단으로 간주되는 시장경제 메커니즘은 그러한 종점을 상정하고 있는 것이다.

그것이야말로 이론적인 가상의 공간이기 때문에 그 이상 생각할 필요는 없다. 탁상공론을 계속 하고 싶은 사람들에게 맡겨 두면 된다. 현실 세계로 돌아오면 완전정보의 가정이 충족되는 상황은 발생하지 않으므로, 시장의 작동에는 한계가 있는 것을 전제로 해서 정책적인 조치와 제도적인 모색에 의해 안정적인 경제사회를 유지할 필요가 있다. 그러한 상황을 만들어 내는 것이 확실해지면 사람들은 그 경제의 안정성 덕분에 장래 자신의 생활을 예측할 수 있게 된다. 경제 시스템의 안정성이 높아진다는 관점으로 경제 발전의 의미를 다시 생각할 필요가 있는 것이다.

4 다양성의 제약

'규모의 경제'가 작동하지 않는 시대

경제 성장의 가능성을 약화시키고 있는 또 하나의 조건은 다양성의 제약이다. 잘 알려져 있듯이, 고성장 시대의 가장 전형적인 경제 성장 과정은 중후장대형 산업에서 규모의 경제성에 기초한 생산성의 상승이었다고 할 수 있다. 그러한 규모의 경제성은 내구소비재의 보급 과정에서도 발휘되었다. 3종의 신기로 불린 가전제품은 T형 포드 자동차와 마찬가지로 14인치 TV, 소형 냉장고, 배기량 1,000cc 미만의 '국민차' 등 특정 모델의 제품에 집중했다. 이러한 단품 대량 생산에 의해 비용을 줄이고, 다시 그것은 제품 가격 인하에 반영되어 제품에 대한 잠재적인 수요를 확대시켜 다시금 규모 확대를 모색하게 했다. 그리고 비용 절감에 따른 가격 하락은 실질적인 소득 증가를 가져오기도 했다.

그러나 이러한 경제 성장을 가능하게 하는 메커니즘이 더 이상 작동하기 어렵게 되었다. 왜냐하면 1980년대부터 소비 양상이 '개성적'이고 다양성을 추구하는 방향으로 전환이 일어나고 있기 때문이다. 대량 생산 · 대량 소비 시대에서 소량 생산 · 선택적 소비의 시대로 전환되고 있는 것이다.

유니클로 같은 저가격 대량 생산 제품이 선호되는 한편, 브랜드 의류를 지향하는 움직임도 강해지고 있다. 승용차도 다양한 차종이 생산되고 있다. 제품 차별화가 진전되고 있는 것이다. 소비의 양상은 확실하게 변화하고 있다. 더구나 그 소비 수요는 '물건'에 대한 것뿐만 아니라 폭넓은 대인 서비스 수요 증가로 전환하고 있다. 그 전형적인 예가 의료와 노인 간호이다.

그렇다면 이러한 변화는 무엇을 가져올까? 산업 구조의 변화라는 관점에서 보면, 〈표 6-1〉처럼 서비스 산업화가 진전되고 있다. 이는 통상의 산업 구조 분류와는 달리 서비스 산업화의 실태를 명확히 하기 위해, 경제기획청이 1980년대 후반에 국민경제계산을 기초로 다시 작성한 것을 참고하여, 그것을 2010년까지 연장하여 추계한 것이다. 물건을 만드는 생산 부문의 비율은 1970년에는 절반을 차지하고 있었으나 1990년에는 40% 정도, 2000년에는 30% 미만까지 급속히 저하하고 있다. 그와는 대조적으로 네트워크 부문이 30%에서 40%대로 증대하고, 지식 서비스 부문의 비율은 버블기에 일단 하락했지만 1990년대 이후 급상승하고 있다.

이처럼 산업 구조상에서 비율을 높여 가고 있는 서비스 산업의 생산성을 자동차를 포함한 수송기계, 철강 등의 금속 제품 공업과 비교해서 나타낸 것이 〈그림 6-6〉이다. 여기에서는, 우선 규모의 경제성으로 성장을 견인하고 있던 금속 제품 공업의 생산성이 장기간에 걸쳐 개선의 조짐이 보이지 않고 있는 것을

표 6-1 산업 구조의 서비스 산업화 추이

(단위: %)

	1970년	1980년	1985년	1985년	1990년	1995년	2000년	2010년
재화 생산 부문	51.7	44.8	41.4	40.9	41.8	31.8	29.9	26.3
농림수산업 · 광업	7.4	4.5	3.8	3.5	2.8	1.9	1.7	1.3
제조업	35.8	30.2	30.2	29.5	29.1	21.9	21.1	19.6
소재	13.2	9.4	8.9	8.5	8.2	6.4	5.8	6.0
가공 조립	14.3	12.7	13.5	13.2	13.3	9.8	9.7	8.8
기타	8.5	8.0	7.7	7.8	7.6	5.7	5.6	4.8
건설업	8.4	10.1	7.5	7.9	9.9	8.0	7.1	5.4
네트워크 부문	30.8	32.4	33.2	38.9	38.6	41.4	42.0	43.6
전기 · 가스 · 수도업	2.6	3.0	3.4	3.5	3.0	3.1	3.2	2.9
운수 · 통신	7.1	6.2	6.4	6.6	6.4	8.8	9.6	10.3
상업	14.2	15.0	14.4	13.4	12.8	14.7	13.5	13.7
금융 · 보험 · 부동산	6.9	8.4	8.9	15.4	16.4	14.8	15.7	16.7
지식 서비스 생산 부문	17.6	22.7	25.4	20.2	19.6	26.8	28.1	30.1
매니지먼트	4.2	3.9	6.1	4.8	5.2	5.4	6.3	6.8
교육	2.6	4.1	4.1	4.4	4.2	3.4	3.4	3.4
의료 · 건강	2.0	3.2	3.2	5.6	5.0	11.7	11.7	12.7
레저 관련	4.3	4.1	4.4					
가사 대행	1.3	1.4	1.6					
공무 · 기타	3.2	6.1	6.0	5.5	5.2	6.3	6.7	7.2
전 산업	100.0	100.0	100.0	100.0	100.0	100.0	100.0	100.0

주: 1) 소재는 섬유, 종이펄프, 화학, 석유 · 석탄 제품, 요업, 제1차 금속 제품, 가공 조립은 일반기계, 전기기계, 수송용 기계, 정밀기계, 금속 제품, 기타는 식료품 등을 의미함.
2) 1985~1990년의 데이터는 연속하지 않음. 1985년까지는 경제기획청의 시산, 그 이후는 필자의 추계치임. 일부 자료에 명확하지 않은 부분도 있음.
출처: 東洋經濟新報社 『經濟統計年鑑』에서 작성.

명확히 알 수 있다. 그것을 만회하고 있는 것이 기계 공업의 높은 생산성 증가율인데, 그것도 2000년대 후반에는 크게 굴절하고 있다. 그리고 도매업은 기계

그림 6-6 업종별 생산성 추이(1990=100)

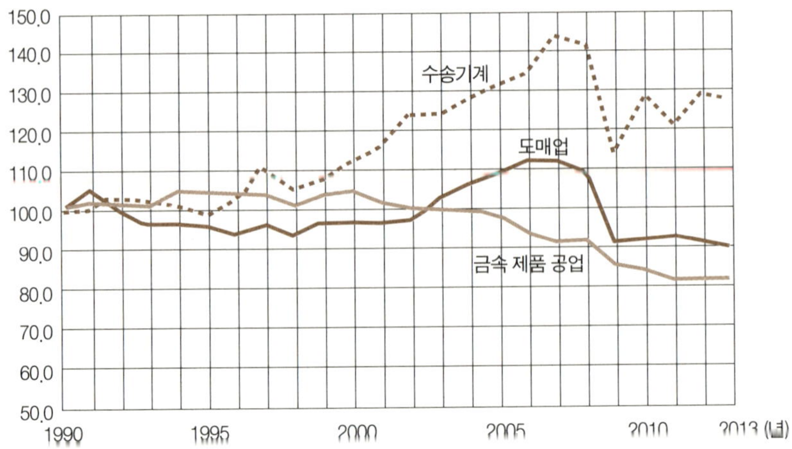

출처: 社會經濟生産性本部『勞動生産性統計月報』등에서 작성.

공업과 같은 명료한 개선을 보이지 않은 채 현재는 크게 떨어지고 있다. 시계열적으로는 리먼 쇼크 등의 영향을 엿볼 수도 있는데, 어쨌든 여기서 강조하고자 하는 점은 서비스 산업의 생산성 개선이 그다지 뚜렷하지 않다는 것이다.

이들 지표에서 알 수 있는 것은, 제품의 생산에서는 '규모의 경제성'이 발휘되기 어려운 방향으로의 전환이 시사되고 있고, 한 사람의 노동자가 만들 수 있는 양의 확대가 억제되고 있다는 점이다. 또한 대인 서비스는 본래 노동생산성의 상승이 어려운 분야이기 때문에 한 사람당 제공할 수 있는 생산물의 수량은 앞으로 급격하게 증가할 수는 없다. 그렇다고 한다면 경제 규모의 확대 속도가 필연적으로 느려진다고 할 수 있다. 이 현상은 고성장 경제와는 정반대라고 할 수 있다. 즉, 고성장 시기에는 산업 구조의 중화학 공업화에 의해 산업 구성

상 생산성 상승률이 높은 분야의 비율이 높아짐으로써 국가 전체적으로 규모가 확대되는 힘으로 작용했는데, 이제는 저생산성 부문의 비율이 높아져서 높은 성장을 기대할 수 없게 되고 있는 것이다.

이를테면 현재와 같은 계측 방법으로 경제 규모의 확대, 즉 경제 성장을 실현시키고자 한다면, 중후장대형 산업 등에서의 수요 창출이 아니라 노동의 대가를 높여 부가가치를 증가시키는 것으로 명목적인 성장을 모색하는 길 이외에는 없다고 생각된다. 임금 인상이 필요하다는 주장은 이렇게 현실에 기반을 둔 판단인 것이다. 그것은 불가능하지는 않지만, 그를 위해서는 사람을 소중하게 여기는 사회로 방향을 전환할 필요가 있다. 물건의 풍요로움으로 경쟁하던 발상을 전환하지 않으면 안 된다. 그러한 경쟁은 멈출 필요가 있다. 몸의 크기가 아니라 인간적인 성장이 사람에게 필요한 것과 마찬가지이다.

경제학은 '최대 다수의 최대 행복'을 실현하기 위해 경제 규모의 확대(경제 성장)라는 처방전을 쓰는 데 주력해 왔다. 그러나 결과적으로 그러한 학문적인 축적은 경제 성장을 자기 목적화하는 경향을 강화시켜 이제는 그 자체가 신앙처럼 사람들의 사고방식에 침투해 있다. 그러한 사고에 빠져 성장을 최우선적으로 추구하는 발상이 넘쳐나고 있다. 그러나 환경과 자원의 제약, 향후 충족시켜야 할 사회적 필요의 질, 그것을 충족시키기 위한 공급 구조 등 시급하게 해결해야만 하는 문제와 진지하게 마주하면 그러한 사고방식이 타당하지 않은 세계의 중요성이 점점 커지고 있다는 것을 알게 될 것이다. 이제까지의 고정관념에 빠지지 않는 자유로운 발상과 그로부터 도출되는 방책에 대해 적극적으로 부담을 떠안고 견실하게 실현해 나갈 필요가 있다.

제7장

'최선진국' 일본의 도전

제7장

'최선진국' 일본의 도전

경제 성장을 믿고 있는 사람들에게 이 책의 주장은 의욕을 상실하게 하는 우울한 '미래 예상도'일지 모른다.

국가적 차원의 경제 성장이 있다고 하더라도 분배 구조가 공평하지 않으면 우리들 한 사람 한 사람에게 그 혜택이 돌아가지 않는다. 국민경제를 대상으로 하는 집계가 아니라 국민 한 사람 한 사람의 삶에 안전과 안심 그리고 그 나름의 풍요로움이 보장될 필요가 있다. 때문에 1인당 GDP 등도 지표로 사용되고 있으나 이것도 여전히 평균치이기 때문에 경제 격차의 확대라는 문제를 나타낼 수 없다는 한계가 있다. 경제 격차의 확대는 국내 문제로서 시정되어야 하지만, 국제 문제로서도 해결되어야 한다. 그렇지 않으면 지역 분쟁이 끊임없이 일어나는 불안정한 세계가 계속될 것이기 때문이다. 전장에서 전투원과 비전투원의 구별이 없이 목숨을 빼앗기는 현실을 그 누구도 바람직하다고는 생각하지 않을 것이다. 경제 격차의 확대를 방지하기 위해서는 경제 성장의 성과를 가능한 한 공평하게 나눌 필요가 있다.

그러나 경제 성장을 측정하는 GDP 등의 지표는 그러한 불행한 일에 의해서도 증가할 수 있다. 예를 들어, 지역 분쟁에 대처하기 위해 군비를 확장한다든지 무력 개입을 하게 되면 그만큼 그 나라의 경제 규모가 확대된다. 또한 환경이 파괴되어 그에 대한 공해 방지 투자가 이루어져도, 혹은 질병이 만연하여 그에 대한 의료비의 증가 등이 필요해도 국내총생산은 증가하고 경제 성장이 이루어지게 된다. 그러한 상황이 바람직하다고는 생각하지 않을 것이다. 이처럼 경제 성장이라는 지표로 우리가 추구하는 미래 사회의 모습을 그리려고 하는 데는 한계가 있다.

지표에 문제가 있는 것만이 아니라 이제까지의 경제 성장 그 자체도 한계에 직면하고 있다는 사실에도 진지하게 마주할 필요가 있다. 그런 일은 상상할 수 없다고 생각할지도 모른다. 그러나 직감적으로는 누구나 느끼고 있을 것이라고 생각한다.

간단한 숫자로 이러한 직감을 증명할 수 있다. 다음의 〈표 7-1〉은 인구 수가 많은 상위 10개국의 1인당 GDP를 나타내고 있다. 이들 10개국에는 세계 인구 70억 명 가운데 약 60%에 해당하는 41억 명이 살고 있다. 이 책의 서두에서도 지적했듯이 1인당 GDP가 1만 달러에 이르기까지는 소득의 증가가 행복감을 높여 준다는 경험적인 사실을 전제로, 가령 이들 국가 가운데 1만 달러에 못 미치는 6개국이 1만 달러에 도달하려면 몇 명분의 자원이 필요할까를 계산한 것이 이 표의 제일 오른쪽 칸이다. 구체적으로는 인구 13.6억 명의 중국에서는 1인당

표 7-1 세계의 인구와 1인당 GDP

	인구		1인당 명목GDP		1만$ 도달에 필요한 자원량
	순위	백만 명	순위	US$	백만 명분
중국	1	1,361	1	6,747	656
인도	2	1,243	2	1,504	7,024
미국	3	316	3	53,101	
인도네시아	4	248	4	3,510	458
브라질	5	198	5	11,311	
파키스탄	6	183	6	1,307	1,214
나이지리아	7	169	7	1,692	831
방글라데시	8	156	8	904	1,573
러시아	9	143	9	14,818	
일본	10	127	10	38,491	
소계		4,145			11,756
세계 합계		7,035			

출처: IMF, *World Economic Outlook Database*, 2014. 4.에서 작성.

GDP가 6,747달러이므로 이를 1만 달러로 끌어올리려면 현재보다 1.5배의 자원이 필요하다. 그것을 인구 수로 표시하면 중국인 6.6억 명분이 된다. 인도에서는 6배 이상의 자원이 필요하여 인도인 70억 명분이 필요하다. 인도 한 나라만으로 현재의 세계 인구와 같아지게 되는 것이다. 이렇게 계산해 보면 6개국만으로 118억 명분의 추가적인 자원이 필요해진다. 이는 그들 나라의 인구가 증가하지 않는다는 것을 전제로, 현재 그들 나라에 1인당 1만 달러의 생활을 실현하기 위해 필요한 자원을 대략 계산한 것이다. 물론 이것을 세계 전체로 확장하면 필요량은 더욱 커지게 된다. 이러한 필요 자원을 단지 하나뿐인 지구에서 조달할 수 있을까? 제3장에서 지적한 것처럼, 재생 불가능한 자원의 한계는 기술 진보에 의해 간단하게 극복될 수 있다고 낙관할 수 없다.

이처럼 성장의 한계를 인정하지 않을 수 없다고 한다면 경제 격차의 확대를 억제하기 위해서도 선진국은 성장을 멈출 수밖에 없을 것이다. 생활 수준을 낮추는 것은 곤란하다고 해도, 최소한 현상에서 멈추지 않으면 해결의 단초가 보이지 않게 된다. 따라서 선진국이 경제 성장을 이제까지처럼 경제 규모의 확대라든지 물질적인 풍요로움의 추구라는 형태로 추구하는 것이 불가능한 것이다. 현재 수준에서 머무르는 것, 즉 '제로 성장'이라는 상태가 계속되는 것을 전제로 선진국은 좀 더 효율적인 자원 이용을 모색하고 우리들의 생활을 인간적인 풍요로움으로 유도해 갈 필요가 있다. 경제학자들은 경제 성장론을 설파하는 데 익숙해져 있지만 이미 그러한 사고방식으로는 선진국 경제의 미래상을 묘사할 수 없다. 경제학 교과서의 맨 처음에는 자원의 희소성이 가격이 성립하는 근거라고 설명되어 있다. 희소성이 인정되지 않는 자원은 가격 메커니즘이 작동하지 않는다는 것이다. 즉, 경제학의 본령은 희소한 자원의 효율적인 이용을 실현하기 위해 그 제도적인 수단인 가격 메커니즘의 작용을 주장한 것이다. 경제학은 자원 고갈이라는 궁극적인 희소 자원 상황을 직시해야 하는 시기에 와 있는 것이다.

'제로 성장'을 받아들일 수 있을 때 1990년대부터 4반세기에 걸친 일본의 '경제 정체'도 다른 모습으로 보이게 된다. 일본의 현상은 선진국들이 언젠가는 걷게 될 '제로 성장' 시대의 선구적인 모습인 것이다. 즉, 일본은 선진국 경제의 선두에 위치해 있다고 할 수 있다.

'잃어버린 10년', '잃어버린 20년'이라는, 향후 일본을 짊어지고 나갈 젊은 세대가 태어나 자란 시대를 부정적으로 파악하는 주장이 정치가, 경제학자, 매스컴으로부터 반복해서 유포되고 있다. 마치 이 긴 기간이 무의미했던 것처럼. 그러나 그것은 경제 성장 지상주의자의 오만함을 드러내는 것뿐이다. 제로 성장이 계속되는 것은 경제 성장을 추구하던 시대의 종말을 예고하고 있고 따라서 경제 성장 지상주의가 시대착오임을 의미하는 것이다. '잃어버린' 것은 시대가 아니라 이미 역사가 되어 버린 경제 성장의 시대를 지탱하고 있던 기반이다.

최근 10년, 20년을 잃어버린 것이 아니라 다음 시대의 경제사회 시스템을 모색해 가는 도전의 과정으로 자리매김할 필요가 있다. 그리고 그러한 의미에서 이미 지나가 버린 꿈을 좇는 데 시간을 허비할 게 아니라 역사적인 평가를 얻을 수 있도록 새로운 발상으로 도전적인 시도를 계속할 필요가 있다. 경제 성장이라는 시대의 기억이 없는 젊은이들에게는 경제 성장이라는 주술, 성장 신화로부터 자유로운 발상이 반드시 있다. 많은 사람들에게는 경제 성장 신앙을 내버릴 결심이 필요할 테지만, 젊은이들에게 '지금'의 의미를 적극적으로 다시 파악하는 것은 어렵지 않은 일일 것이다. 그렇기에 그들에게 기대할 수가 있는 것이다.

이미 키가 더 이상 크지 않는데도 불구하고 좀 더 키가 큰 편이 좋다면서 어른들이 여러 가지 영양제나 비타민 보충제를 복용하게 되면 영양 과다로 옆으로만 몸집이 커진다. 경제 성장을 추구하는 것도 그와 마찬가지이다. 그리고 건강한 신체를 회복하기 위해 다이어트에 또다시 여분의 돈을 쓰지 않으면 안 된다.

건강을 회복하는 것도 필요하지만 그 이상으로 중요한 것은 마음의 풍요로움과 인간적인 매력을 연마하는 것이다. 그것이 몸이 다 자란 성인에게 필요한 일이라고 한다면 성숙한 경제사회에서도 그 사회에서 생활하는 한 사람 한 사람이 스스로 개성을 살린 삶을 추구할 수 있고, 그것들이 존중을 받을 수 있어야 한다고 생각된다. 한 사람 한 사람이 할 수 있는 일에는 한계가 있지만 그 작은 노력들의 축적이 새 시대를 여는 힘이 된다. 한 사람 한 사람이 자립한 인간으로서 각자 필요하다고 생각하는 것, 각자 중요하다고 생각하는 것에 전력을 다할 필요가 있다. 그러한 자유로운 선택과 그 선택에 책임을 지는 행동이 창조적 혁신을 낳는 원동력이 된다. 제로 성장이 사회의 활력을 뺏는 것은 아니다. 우리들이 경제 성장의 신화로부터 자유롭게 되는 것은 본래의 의미에서 활력 있는 삶을 되찾는 중요한 계기가 된다. 그렇게 시작하는 내일이 한때는 '정상(定常) 상태'로 불리던 경제사회의 미래상인 것이다.